Janka Jepp

Employer Branding

Identifikation von Entscheidungskriterien zur Arbeitgeberwahl

igel Verlag RWS

Jepp, Janka: Employer Branding: Identifikation von Entscheidungskriterien zur Arbeitgeberwahl, Hamburg, Igel Verlag RWS 2014

Buch-ISBN: 978-3-95485-111-9
PDF-eBook-ISBN: 978-3-95485-611-4
Druck/Herstellung: Igel Verlag RWS, Hamburg, 2014

Bibliografische Information der Deutschen Nationalbibliothek:
Die Deutsche Nationalbibliothek verzeichnet diese Publikation in der Deutschen Nationalbibliografie; detaillierte bibliografische Daten sind im Internet über http://dnb.d-nb.de abrufbar.

Hermannstal 119k, 22119 Hamburg
http://www.diplomica.de, Hamburg 2014
Printed in Germany

Inhaltsverzeichnis

ABBILDUNGSVERZEICHNIS VII

ABKÜRZUNGSVERZEICHNIS IX

1 EINLEITUNG 1

1.1 PROBLEMSTELLUNG 1

1.2 ZIELSETZUNG UND AUFBAU DER ARBEIT 3

2 EMPLOYER BRANDING 4

2.1 DEFINITION EMPLOYER BRANDING 4

2.2 EINORDNUNG DES EMPLOYER BRANDINGS IN DEN GESAMTKONTEXT 6

2.3 VORTEILE EINES EMPLOYER BRANDINGS 7

3 INVESTMENT BANKING 10

3.1 DEFINITION UND ABGRENZUNG DES INVESTMENT BANKINGS 10

3.2 ANFORDERUNGSPROFIL DES INVESTMENT BANKERS 12

3.3 DIE FINANZKRISE UND IHR EINFLUSS AUF DIE ENTWICKLUNG DES INVESTMENT BANKINGS 14

4 GRÜNDE FÜR DIE ZUNEHMENDE BEDEUTUNG DES EMPLOYER BRANDINGS FÜR DEN BEREICH DES INVESTMENT BANKINGS 16

4.1 DEMOGRAFISCHER WANDEL 16

4.2 WANDEL ZUR WISSENSGESELLSCHAFT 18

4.3 WERTEWANDEL DER BEWERBER 19

4.4 FINANZKRISE 21

5 ANALYSE DER ENTSCHEIDUNGSKRITERIEN BEI DER ARBEITGEBER-WAHL ANGEHENDER INVESTMENT BANKER 23

5.1 PROZESS DER ARBEITGEBERWAHL 23

5.2 EINFLUSSFAKTOREN AUF DIE ARBEITGEBERWAHL 25

5.2.1 Unternehmensmerkmale *27*

5.2.2 Tätigkeitsmerkmale *33*

5.2.3 Vergütungsmerkmale *40*

5.2.4 Perspektiven *43*

5.2.5 Einfluss des Branchen- und Unternehmensimages *46*

5.3 UNTERSCHIEDE IM VERGLEICH ZU BRANCHENÜBERGREIFENDEN KRITERIEN BEI DER ARBEITGEBERWAHL 48

6 ANALYSE DER DYNAMIK DER ENTSCHEIDUNGSKRITERIEN ZWISCHEN ANGEHENDEN - UND BERUFSERFAHRENEN INVESTMENT BANKERN 52

6.1 Erhebungsmethode ... 52
6.2 Auswertung der Interviews im Hinblick auf die Dynamik ... 52
6.2.1 Unternehmensmerkmale ... 53
6.2.2 Tätigkeitsmerkmale ... 54
6.2.3 Vergütungsmerkmale ... 56
6.2.4 Perspektiven ... 56
6.2.5 Einfluss des Branchen- und Unternehmensimages ... 58
7 Ansatzpunkte zur Entwicklung einer Employer Branding Strategie ... 59
7.1 Übersicht des Strategiemodells ... 59
7.2 Analysephase ... 60
7.3 Zielsetzung ... 62
7.4 Strategie- und Konzeptionsphase ... 63
7.5 Verwirklichung der Konzeption im Unternehmen ... 65
7.6 Kommunikation des Employer Brand ... 66
7.7 Kontrolle ... 69
8 Risiken eines Employer Brandings ... 69
9 Fazit und Ausblick ... 70
Literaturverzeichnis ... 74
Anhangsverzeichnis ... 81
Anhang 1: Online-Fragebogen ... 82
Anhang 2: Vorlage des Interviews ... 87

Abbildungsverzeichnis

ABBILDUNG 1: EMPLOYER BRANDING - AUF EINEN BLICK 6

ABBILDUNG 2: ANSPRUCHSGRUPPEN EINER CORPORATE BRAND 7

ABBILDUNG 3:DEMOGRAFISCHE ENTWICKLUNG IN AUSGEWÄHLTEN INDUSTRIENATIONEN VON 1970 BIS 2020 IN DER ALTERSGRUPPE DER 35 BIS 44-JÄHRIGEN 19

ABBILDUNG 4: SELBSTSELEKTIONSPROZESS EINES BEWERBERS 25

ABBILDUNG 5: DIE SOZIODEMOGRAPHIE DER BEFRAGTEN 26

ABBILDUNG 6: ERGEBNIS AUS FRAGE 6 DES FRAGEBOGENS 28

ABBILDUNG 7: ERGEBNIS AUS FRAGE 19 DES FRAGEBOGENS 29

ABBILDUNG 8: ERGEBNIS AUS FRAGE 10 (5.) DES FRAGEBOGENS 30

ABBILDUNG 9: ERGEBNIS AUS FRAGE 10 (3.) DES FRAGEBOGENS 31

ABBILDUNG 10: ERGEBNIS AUS FRAGE 8 DES FRAGEBOGENS 31

ABBILDUNG 11: ERGEBNIS AUS FRAGE 14 DES FRAGEBOGENS 32

ABBILDUNG 12: ERGEBNIS AUS FRAGE 25 (2.) DES FRAGEBOGENS 33

ABBILDUNG 13: ERGEBNIS AUS FRAGE 27 DES FRAGEBOGENS 34

ABBILDUNG 14: ERGEBNIS AUS FRAGE 9 DES FRAGEBOGENS 35

ABBILDUNG 15: ERGEBNIS AUS FRAGE 25 (3.) DES FRAGEBOGENS 35

ABBILDUNG 16: ERGEBNIS AUS FRAGE 20 DES FRAGEBOGENS 36

ABBILDUNG 17: ERGEBNIS AUS FRAGE 17 DES FRAGEBOGENS 37

ABBILDUNG 18: ERGEBNIS AUS FRAGE 25 (1.) DES FRAGEBOGENS 37

ABBILDUNG 19: ERGEBNIS AUS FRAGE 18 DES FRAGEBOGENS 38

ABBILDUNG 20: ERGEBNIS AUS FRAGE 28 DES FRAGEBOGENS 39

ABBILDUNG 21: ERGEBNIS AUS FRAGE 23 DES FRAGEBOGENS 39

ABBILDUNG 22: ERGEBNIS AUS FRAGE 26 DES FRAGEBOGENS 41

ABBILDUNG 23: ERGEBNIS AUS FRAGE 10 (2.) DES FRAGEBOGENS 41

ABBILDUNG 24: ERGEBNIS AUS FRAGE 21 DES FRAGEBOGENS 42

ABBILDUNG 25: ERGEBNIS AUS FRAGE 22 DES FRAGEBOGENS 42

ABBILDUNG 26: ERGEBNIS AUS FRAGE 16 DES FRAGEBOGENS 43

ABBILDUNG 27: ERGEBNIS AUS FRAGE 24 DES FRAGEBOGENS 44

ABBILDUNG 28: ERGEBNIS AUS FRAGE 15 DES FRAGEBOGENS 45

ABBILDUNG 29: ERGEBNIS AUS FRAGE 13 DES FRAGEBOGENS 45

ABBILDUNG 30: ERGEBNIS AUS FRAGE 7 DES FRAGEBOGENS 46

ABBILDUNG 31: ERGEBNIS AUS FRAGE 2 DES FRAGEBOGENS 47

ABBILDUNG 32: ERGEBNIS AUS FRAGE 3 DES FRAGEBOGENS 48

ABBILDUNG 33: ANFORDERUNGEN AN DEN IDEALEN ARBEITGEBER 49

ABBILDUNG 34: ERGEBNIS AUS FRAGE 11 DES FRAGEBOGENS 50

ABBILDUNG 35: ERGEBNIS AUS FRAGE 12 DES FRAGEBOGENS 51

ABBILDUNG 36: ERGEBNIS AUS FRAGE 10 (1.) DES FRAGEBOGENS 57

ABBILDUNG 37: STRATEGIEMODELL 59

Abbildung 38: Ergebnis aus Frage 29 des Fragebogens: 62
Abbildung 39: Kommunikationsinstrumente für Employer Branding 67
Abbildung 40: Ergebnis aus Frage 5 des Fragebogens 68

Abkürzungsverzeichnis

Abb.	Abbildung
AG	Aktiengesellschaft
bzw.	beziehungsweise
ca.	circa
etc.	et cetera
f.	folgende
ff.	fortfolgende
FH	Fachhochschule
GmbH	Gesellschaft mit beschränkter Haftung
HR	Human Resource
HRM	Human-Resource-Management
IB	Investment Banking
Jg.	Jahrgang
Nr.	Nummer
PR	Public Relations
S.	Seite(n)
sog.	So genannte
u.a.	unter anderem
US	United States
vgl.	vergleiche
z.B.	zum Beispiel

1 Einleitung

1.1 Problemstellung

„Jeder weiß um die Bedeutung des Humankapitals der Mitarbeiter, deren Leistungsfähigkeit und –bereitschaft, weiß um Wirkungskraft hoch motivierter Teams und visionärer Führungskräfte für den Erfolg eines Unternehmens. Ohne gute Mitarbeiter kein Unternehmenserfolg, keine zufriedenen Kunden, keine qualitativ hochwertigen Produkte und Dienstleistungen, keine Innovationen und Marktchancen – kurz: in der Zukunft keine Chance auf Wachstum und Bestehen im Wettbewerb.“[1]

In ihrer Analyse der erfolgreichsten US Unternehmen fanden Peters und Waterman heraus, dass der entscheidende Erfolgsfaktor in Unternehmen das Personal darstellt. Zudem bestätigten sie, dass die gute Führung und Behandlung des Personals einen wesentlichen Beitrag zum wirtschaftlichen Erfolg eines Unternehmens leistet.[2] „Wer hohe Produktivität und die entsprechenden finanziellen Ergebnisse erreichen will, muss seine Mitarbeiter als sein wichtigstes Kapital behandeln.“[3] Die wichtigste Aufgabe der Personalabteilung eines Unternehmens besteht somit darin, die best geeignetsten Mitarbeiter für das Unternehmen zu gewinnen und langfristig an das Unternehmen zu binden. Employer Branding ist in den letzten Jahren zu einem wesentlichen strategischen Element geworden, diese Aufgabe zu erfüllen. Es hat vor dem Hintergrund des zunehmenden Wettbewerbs um geeignete Arbeitskräfte stark an Bedeutung gewonnen.

Der Arbeitsmarkt wird maßgeblich von den Determinanten technologischer Wandel, Globalisierung, Wertewandel der Gesellschaft sowie der demografischen Entwicklung beeinflusst. Die erkennbare demografische Entwicklung führt zu einem sinkenden Anteil an jungen Erwerbstätigen an der Gesamtbevölkerung. Diese Entwicklungen werden bedingt durch die geringen Fertilitätsraten sowie das steigende erwartete Lebensalter der Menschen.[4] Die Altersstruktur wird sich in

---

[1] Dürndorfer/Nick/Wood (2005), S. 12.
[2] Vgl. Peters/Waterman (1984), S. 276
[3] Peters/Waterman (1984), S. 276.
[4] Vgl. Petkovic (2008), S. 1ff.

den Unternehmen verändern, hin zu einem erhöhten Durchschnittsalter.[5] Der technologische Fortschritt erfordert verstärkt spezialisiertes und gut ausgebildetes Personal.[6] Die steigende Nachfrage nach qualifizierten und leistungsstarken Arbeitnehmern, sog. High Potentials[7], sowie die parallele Verknappung der jungen Erwerbstätigen, führt zu einem Wettbewerb der Unternehmen um die besten Arbeitskräfte. Erschwerend kommt hinzu, dass sich die Auswanderungen aus Deutschland durch die Globalisierung verstärkt haben und Migrationseffekte dem nur unzureichend entgegensteuern.[8] Der Wertewandel der Arbeitnehmer ist ein weiterer bedeutender Einflussfaktor auf dem Arbeitsmarkt. Es wird entscheidend mehr Wert darauf gelegt, dass die Arbeit Freude macht, zur Selbsterfüllung beiträgt und weniger als notwendige Last angesehen wird.[9] Der Arbeitsmarkt beeinflusst somit in hohem Maße die Personalarbeit und fordert sie zu einem Wandel auf.

Die aktuelle Notwendigkeit einer Veränderung des Human Resource Management (HRM) haben bis heute nur wenige Unternehmen erkannt. Während Unternehmen für die Analyse ihrer Kunden erhebliche Investitionen tätigen, wird für die Analyse der zu gewinnenden Mitarbeiter nicht mal ein Zehntel davon ausgegeben.[10] Dieser Aspekt zeigt deutlich, dass der Einfluss der Verknappung an Fach- und Führungskräften erheblich unterschätzt wird, und das, obwohl die Unternehmensziele ohne geeignetes Personal nicht erreicht werden können. Nur wer es schafft sich am Arbeitsmarkt in den Augen der Zielgruppe als besonders attraktiver und geeigneter Arbeitgeber darzustellen, also zum sog. Employer of Choice aufzusteigen, wird in der Zukunft Erfolg haben.[11]

Es ist wichtig, je nach Zielgruppe genau zu analysieren, wie die berufliche Leidenschaft angesprochen und für das Unternehmen entfacht werden kann. Ein Unternehmen wird als geeigneter Arbeitgeber nur durch die genaue Kenntnis der Zielgruppe und die zielgerichtete Kommunikation der Arbeitgebervorteile an sie,

---

[5] Vgl. Statistische Ämter des Bundes und der Länder (2007), S. 17.
[6] Vgl. Michaels/Handfield-Jones/Axelrod (2001), S. 3.
[7] Der Begriff „High Potentials“ wird in Kapitel 3.2 näher erläutert.
[8] Vgl. Winkels (2007), S. 349.
[9] Vgl. Bartscher/Huber (2007), S. 177ff.
[10] Vgl. Barrow/Mosley (2005), S. 87.
[11] Vgl. Holz/Da-Cruz (2007), S. 175.

wahrgenommen.[12]

Die Qualifikations- und Leistungsanforderungen an Arbeitnehmer sind in dem Bereich des Investment Bankings (IB) besonders hoch.[13] Eine Tätigkeit im IB wurde noch vor kurzer Zeit mit Ansehen und Stolz verbunden. Die aktuelle Finanzkrise hat allerdings bereits zu einem enormen Imageverlust der Branche IB geführt.[14] Aufgrund des Verlustes an der Attraktivität einer Tätigkeit im IB sowie aufgrund der Auswirkungen der Veränderungen am Arbeitmarkt wird es zu einer Herausforderung, High Potentials für diesen Bereich zu rekrutieren.

1.2 Zielsetzung und Aufbau der Arbeit

Die Problemstellung wird in dieser Arbeit anhand der sehr wettbewerbsintensiven und aktuell sich stark wandelnden Branche IB näher untersucht. Dabei fokussiert sich diese Arbeit auf Studienabsolventen, die ihre Zukunft im Investment Banking planen.

Die vorliegende Arbeit hat das Ziel, die Entscheidungskriterien bei der Arbeitgeberwahl von Studenten und Absolventen, die sich für eine Tätigkeit im IB interessieren, zu identifizieren. Des Weiteren soll die Dynamik von Anspruchskriterien an einen Arbeitgeber von erfahrenen Investment Bankern gegenüber Hochschulabsolventen skizziert werden. Aufbauend auf den Ergebnissen werden Ansatzpunkte zur Entwicklung einer Employer Branding Strategie für die Branche IB formuliert.

In **Kapitel 2** wird zunächst der Begriff des Employer Brandings definiert, abgegrenzt und die Vorteile einer Employer Branding Strategie für Unternehmen dargestellt.

Aus der Thematik dieser Arbeit ergibt sich in **Kapitel 3** die Notwendigkeit, IB zu definieren und die Unterschiede zu anderen Branchen aufzuzeigen. Eine besondere Bedeutung kommt hierbei dem Anforderungsprofil eines Investment Bankers zu, das letztlich die Zielgruppe einer Employer Branding Strategie in der Branche IB beschreibt. Zudem wird ein kurzer Überblick über die aktuelle

---

[12] Vgl. Bethkenhagen (2008), S. 66.
[13] Vgl. Nega-Ledermann (2007), S. 1.
[14] Vgl. Sleegers (2008), S.12.

Finanzkrise gegeben, die die Entwicklung des IBs stark beeinträchtigt.

Das **Kapitel 4** befasst sich mit den Faktoren, die Employer Branding in der heutigen Zeit und speziell für die Branche IB zunehmend bedeutend machen. Zunächst werden die Auswirkungen des demografischen Wandels betrachtet sowie der Wandel zur Wissensgesellschaft. Darauf folgend werden die Auswirkungen eines erkennbaren Wertewandels in der Gesellschaft und der Einfluss der Finanzkrise auf die Attraktivität des IBs analysiert.

Als Grundlage zur Entwicklung einer Employer Branding Strategie werden in **Kapitel 5** die Kriterien analysiert und identifiziert, die bei der Arbeitgeberwahl im Bereich des IBs für Studienabsolventen wichtig sind. Zur Identifikation der Entscheidungskriterien wurde ein Fragebogen für angehende Investment Banker entwickelt. Im weiteren Verlauf werden die Ergebnisse mit branchenübergreifenden Umfrageergebnissen verglichen und wichtige Unterschiede aufgezeigt.

In **Kapitel 6** werden die Interviews mit vier Investment Bankern dargestellt, die eine Vorstellung über das alltägliche Umfeld im IB vermitteln und die Dynamik aufzeigen, wie sich Wünsche und Anforderungen an den Arbeitgeber aufgrund der Berufserfahrung verändern können.

Die Einsichten und Ergebnisse der vorangegangenen Kapitel bilden die Grundlage für die in **Kapitel 7** erarbeiteten Ansatzpunkte zur Entwicklung einer Employer Branding Strategie.

In **Kapitel 8** werden die Risiken, die ein Unternehmen durch die Entscheidung für eine forcierte Employer Branding Strategie eingeht, ebenfalls betrachtet.

2 Employer Branding

2.1 Definition Employer Branding

Der Begriff Employer Branding findet sich Ende der 90er Jahre in der Literatur als Strategie gegen den steigenden Verlust an talentierten Fach- und Führungskräften.[15] Übersetzt man diesen Ausdruck ins Deutsche, erhält man den

[15] Vgl. P&I News (2008), S. 18.

Begriff „Arbeitgebermarkenbildung". Durch die Anwendung von Prinzipien der Markenführung auf das Personalmanagement verfolgt eine Employer Branding Strategie das Ziel des Aufbaus einer starken Arbeitgebermarke (Employer Brand), die sich durch Attraktivität, Unverwechselbarkeit und Nachhaltigkeit im Gegensatz zu anderen Unternehmen der gleichen Branche auszeichnet.[16] Mallet beschreibt das Employer Branding in dieser Hinsicht besonders treffend: „Employer Branding takes the elements of branding - creating a particular thought, emotion and image around a particular product or service - and applies them to create a strong brand to recruit employees. It is a concept that is rapidly gaining exposure in the corporate workforce, especially with companies who deal in international markets and who seek to attract employees with cross-cultural experience."[17]

Im Vergleich zum Personalmarketing, geht Employer Branding wesentlich weiter. Während nach Moser die Aufgabe des Personalmarketings darin besteht, die Erwartungen und Fähigkeiten potenzieller Bewerber zu recherchieren[18], umfasst ein Employer Branding die Etablierung der Arbeitgebermarke in den Köpfen potenzieller, aktueller und ehemaliger Mitarbeiter sowie die Sicherung der Glaubwürdigkeit einer externen und internen Präsentation der Arbeitgebermarke. Nach Beck bezeichnet Employer Branding „die Profilierung und Positionierung eines Unternehmens als Arbeitgeber auf den relevanten Zielmärkten, verbunden mit der Zielsetzung, ein unverwechselbares Vorstellungsbild als attraktiver Arbeitgeber bei aktuellen, potenziellen und ehemaligen Mitarbeitern zu realisieren."[19] Die Unternehmensmarke sowie die Unternehmensstrategie muss demnach polarisieren, um sicherzustellen, dass geeignete Arbeitnehmer gewonnen werden und die Mitarbeiter sich eindeutig mit ihrem Arbeitgeber identifizieren können. (siehe Abb. 1) Wenn es dem Unternehmen gelingt, sich als Employer of Choice am Markt zu platzieren, gewinnt es hoch qualifizierte Arbeitnehmer, die sog. High Potentials.[20] Die Voraussetzung für einen erfolgreichen Branding Prozess ist, dass die tatsächliche Arbeitgeberqualität dem kommunizierten Bild

[16] Vgl. Elsner/Heil (2006), S. 19.
[17] Mallett (2004), S. 2.
[18] Vgl. Moser (1992), S. 23.
[19] Vgl. Beck (2007), S. 62.
[20] Vgl. Holz/Da-Cruz (2007), S. 175.

des Arbeitgebers und somit seinem Image entspricht. (siehe Abb. 1) Ein Unternehmen, dass sich besser darstellt als es ist, nur um einen Kandidaten für sich zu gewinnen, schädigt auf Dauer seinen eigenen Ruf.[21]

Abbildung 1: Employer Branding - Auf einen Blick

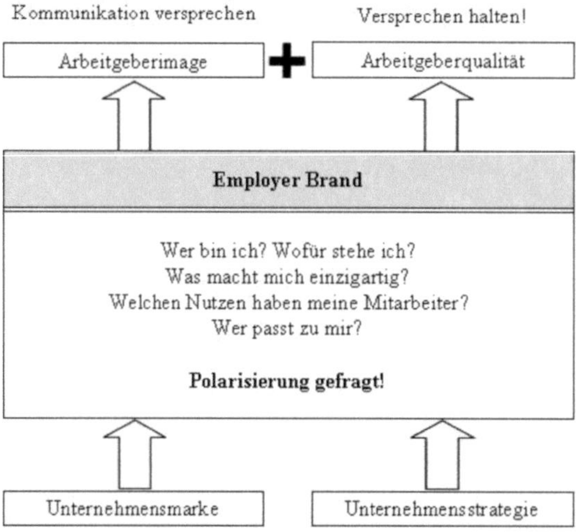

Quelle: Theisen (2008), StepStone Seminar.

2.2 Einordnung des Employer Brandings in den Gesamtkontext

Employer Branding wird als ein Teil des übergeordneten Corporate Branding angesehen. Als Corporate Branding werden die Maßnahmen bezeichnet, die ein Unternehmen am Markt positionieren, mit dem Ziel, ein differenziertes und positives Image des Unternehmens für alle Stakeholder zu schaffen.[22] Somit beeinflusst eine Unternehmensmarke u.a. Entscheidungen über Kreditvergabe, Beziehungen zu Lieferanten, Entscheidungen über den Kauf seiner Produkte sowie ebenfalls Bewerbungsabsichten von potenziellen Mitarbeitern. (siehe Abb. 2) Jede dieser Anspruchsgruppen bringt dem Unternehmen andere Interessen, Wünsche und Bedürfnisse entgegen. So interessiert sich ein Kunde z.B. nicht für die Gehaltszahlungen des Unternehmens, sondern für die Qualität seiner Produkte. Employer Branding fokussiert sich speziell auf den Arbeitsmarkt, mit dem Ziel, Mitarbeiter anzusprechen und Entscheidungen potenzieller

---

[21] Vgl. Wiese (2005), S. 33f.
[22] Vgl. Gieske/Heinrich (2005), S. 103.

Arbeitnehmer bei der Arbeitgeberwahl zu beeinflussen.[23]

Abbildung 2: Anspruchsgruppen einer Corporate Brand

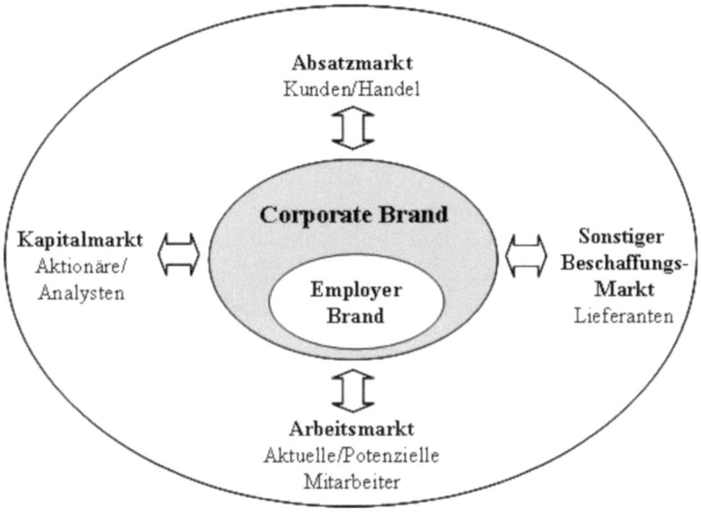

Quelle: angelehnt an Wiese (2005), S. 24.

2.3 Vorteile eines Employer Brandings

Neben der Mitarbeitergewinnung wirkt sich ein erfolgreiches Employer Branding positiv auf Leistung und Ergebnis, Unternehmenskultur, Unternehmensmarke und Mitarbeiterbindung des Unternehmens aus.[24]

Die Arbeitgebermarke erleichtert einem Bewerber das Selektieren am Arbeitsmarkt, ist Orientierungs- und Entscheidungshilfe und bringt Zeit- und Kostenersparnis. Gleichzeitig führt sie zu Vertrauensbildung, die eine besondere Rolle für den zukünftigen Arbeitnehmer innerhalb des Arbeitgeberwahlprozesses spielt.[25] Die Wahl des Arbeitgebers ist im Unterschied zu Produktkauf-entscheidungen eine eher langfristige Entscheidung, die einen großen Teil des Lebensinhaltes ausmacht, nur schwer reversibel ist und somit als Risiko wahrgenommen wird. Petkovic zählt in seiner Arbeit vier Risiken auf, mit denen ein Bewerber bei der Wahl des Arbeitgebers konfrontiert wird:[26]

---

[23] Vgl. Wiese (2005), S. 24f.
[24] Vgl. Deutsche Employer Branding Akademie (2006), S. 16.
[25] Vgl. Wiese (2005), S. 25ff.
[26] Vgl. Petkovic (2008), S. 111.

(1) Ressourcenrisiko (zeitliche und monetäre Investitionen im Arbeitgeberwahlprozess)

(2) Qualitätsrisiko (proklamierte Arbeitgeberqualität entspricht nicht der Realität)

(3) Soziales Risiko (Diskrepanz zwischen Arbeitgeberwahl und sozialer Anerkennung)

(4) Psychisches Risiko (Unzufriedenheit nach vollendeter Arbeitgeberwahl)

Durch die Schaffung eines Employer Brand können diese Risiken gemildert werden, da es durch die Kommunikation seiner Werte und Normen eine klare Position und Vertrauen schafft. Allerdings gilt dies nur unter der Voraussetzung, dass der Kommunikationsinhalt auch tatsächlich der Wahrheit entspricht.

Gelingt es einer Marke, sich von anderen gleichgestellten Marken abzuheben, also eine Unique Applying Proposition zu erreichen, wird sie von potenziellen Bewerbern eher wahrgenommen als andere Marken. Bei einem konkreten Angebot an den Bewerber führt sie zu einer Steigerung des Selbstwertgefühls der eigenen Person, zu einer hohen Motivation für diesen Arbeitgeber zu arbeiten und zu einer engen Unternehmensbindung und Loyalität gegenüber dem Unternehmen.[27] Barrow nennt zusammenfassend drei Hauptvorteile, die eine erfolgreiche Strategie mit sich bringt und die die Stellung gegenüber der Konkurrenz wesentlich verbessert:[28]

Erstens werden die **Kosten** eines Unternehmens **gesenkt**, da die Mitarbeiterbindung durch Employer Branding nachhaltig gestärkt wird. Die Kosten, einen Mitarbeiter zu ersetzten, entsprechen in etwa der Hälfte seines Jahresgehaltes. Eine geringere Fluktuationsrate wirkt sich somit positiv auf den Unternehmensgewinn aus. Die erhöhte Identifikation der Mitarbeiter mit ihrem Unternehmen führt auch zu weniger Krankheitsausfällen und damit zur Senkung dieses Kostenfaktors. Zudem bewerben sich aufgrund einer klaren Positionierung am Arbeitsmarkt weniger ungeeignete Kandidaten, wodurch die Aufwendungen für Personalrekrutierung und Fehlbesetzungen geringer ausfallen.

---

[27] Vgl. Wiese (2005), S. 27f.
[28] Vgl. Barrow/Mosley (2005), S. 69ff.

Zweitens **wächst** die **Zufriedenheit der Kunden**, aus der gesteigerten Identifikation und Loyalität der Mitarbeiter mit ihrer Firma. Das Personal ist bei der Erbringung einer Dienstleistung engagierter und die Kunden somit zufriedener.

Drittens besteht eine klare Verbindung zwischen einer starken Arbeitgebermarke, hohem Mitarbeiter Engagement und **hohen Finanzergebnissen**. Die erhöhte Zufriedenheit und das verbesserte Betriebsklima stärkt die Leistungsbereitschaft der Mitarbeiter. Ihr gesteigertes Engagement verbessert die Beziehung zu den Kunden, sowie die Qualität ihrer Arbeitsergebnisse. Es resultieren höhere Gewinne für das Unternehmen.

Eine aktuelle Studie der Deutschen Employer Branding Akademie (DEBA) zum internen Employer Branding in Deutschland belegt die genannten Vorteile aus einem Employer Brand. Es wurde festgestellt, dass Unternehmen, die sich durch eine strategisch angelegte Arbeitgebermarke auszeichnen, wesentlich bessere Ergebnisse im Hinblick auf Zufriedenheit der Mitarbeiter, Rekrutierung geeigneter Kandidaten, Unternehmenserfolg, signifikant geringere Personalfluktuation, effizientere Führungskultur, Vertrauen und mitarbeiterorientierte Unternehmenskultur aufweisen.[29] Zur Identifikation des Zusammenhangs von Unternehmenskultur, Arbeitsqualität und Mitarbeiterengagement in Deutschland wurden in einer Studie des Bundesministeriums für Arbeit und Soziales Beschäftigte unterschiedlicher Unternehmen befragt. Die Auswertung der Umfrage ergab, dass mehr als 20% der Differenzen im Unternehmenserfolg zwischen Unternehmen durch eine mitarbeiterorientierte Unternehmenskultur und ein hohes Engagement der Mitarbeiter beeinflusst wird.[30]

Neben den drei Hauptvorteilen des Employer Brandings, generiert es auch einen funktionalen Nutzen in der HR und Marketing Abteilung. Die Wahrnehmung des Humankapitals als entscheidender Erfolgsfaktor des Unternehmens gibt dem HRM eine neue Bedeutung.[31] Der Aufgabenbereich wird um eine strategisch ausgerichtete Aufgabe erweitert, die in hohem Maße zum Erfolg des

---

[29] Vgl. http://www.employerbranding.org/downloads/publikationen/DEBAIEB-Studie_Report.pdf, Stand: 23.10.2008.
[30] Vgl. Hauser/Schubert/Aicher (2005), S. 130.
[31] Vgl. Heyse/Ortmann (2008), S. 13.

Unternehmens beiträgt. Dadurch wird nicht nur die Attraktivität des Personalmanagements erhöht, sondern auch die Akzeptanz der HR-Abteilung innerhalb des Unternehmens.[32] Eine Stärkung des Employer Brand hat zur Folge, dass die HR und Marketing Abteilung stärker zusammenarbeiten. Gleichzeitig streckt sich der Wirkungsbereich der Marketing Abteilung aus, da sie stärker in Struktur, Prozesse und Kultur des Unternehmens eingegliedert wird.[33]

3 Investment Banking

3.1 Definition und Abgrenzung des Investment Bankings

Die klassischen Investment Banken haben ihren Ursprung in der Einführung des Trennbankensystems in den Vereinigten Staaten. Seit dem Jahre 1933 legte der Glass-Steagall-Act fest, dass das Kredit- und Einlagengeschäft fortan von den Universalbanken (Commercial Banks) und das risikoreichere Wertpapiergeschäft ausschließlich von den Investment Banken vorgenommen werden soll.[34] Die Funktionstrennung hatte zum Ziel, Spekulationen zu verringern, vor Interessenskonflikten zu schützen und die Bankenstabilität zu fördern. Die begrenzten Aktivitätsmöglichkeiten der Investment Banken brachten diese dazu, ihre Geschäfte durch neue und komplexere Finanzierungsinstrumente auszuweiten. Damit wurde der Grundstein zur heutigen Ausprägung der komplexen Produkte des IBs gelegt. Jahre später waren Tendenzen hin zu einem Universalbankensystem erkennbar. Die Commercial Banks drangen immer mehr darauf, ihr Geschäft auf den Bereich des IBs auszudehnen, was dazu führte, dass 1999 das Trennbankensystem aufgelöst wurde. Unabhängige Investment Banken blieben aber dennoch an der Wall Street bestehen.[35]

In Kontinentaleuropa dominierte von Anfang an das Universalbankensystem. Die sog. Bank-Holding-Gesellschaften bieten Kredit- und Einlagengeschäfte sowie Kapitalmarkttransaktionen unter einem Dach an. Anfangs spielte das IB nur eine untergeordnete Rolle in Kontinentaleuropa. Aufgrund der Profitabilität der

---

[32] Vgl. Bach (2005), S. 269.
[33] Vgl. Barrow/Mosley (2005), S. 80.
[34] Vgl. Achleitner (2000), S. 7.
[35] Vgl. Hockmann/Thießen (2002), S. 38.

Geschäfte erlangte es in den 90er Jahren seine bedeutende Stellung im Finanzdienstleistungsbereich.[36]

Hockmann und Thießen definieren IB als „die Gesamtheit aller Leistungen, die der Übertragung monetärer Dispositionsmöglichkeiten[37] dienen, soweit diese mittels Wertpapiertransaktionen erbracht werden.“[38] Darunter fallen Bankgeschäfte, wie Emissionen oder Handel mit Wertpapieren oder wertpapierähnlichen Finanzinnovationen. Im IB werden nach Achleitner die folgenden Finanzdienstleistungen zusammengefasst:[39]

- Beratung bei dem Kauf und Verkauf von Unternehmen (Mergers & Acquisition)
- Beratung bei der Durchführung von Finanzierungen (Corporate Finance)
- Beratungen über Spezialfinanzierungen (Structured Finance)
- Emission, Handel und Analyse von Aktien (Capital Markets)
- Beratung bei der Anlage und Disposition der Wertpapiere und Wertpapierkäufe sowie –verkäufe (Sales & Trading)
- Investitionen in einzelne Unternehmen aus eigenen Mitteln (Principal Investment)

Die Kunden der Investment Banken sind ausschließlich öffentliche Institutionen und Firmenkunden, wobei die Investment Banken als Vermittler zwischen Kreditnehmern/Emittenten und Investoren handeln. Im Commercial Banking werden Einlagen entgegengenommen, Kredite vergeben und das Vermögen der Kunden verwaltet. Commercial Banks agieren dabei als Entscheidungsträger, die Konditionen festlegen und Kredite vergeben. Sie sind bereit, langfristige Risiken einzugehen und diese anhand von internalisierten Portfolios zu diversifizieren. Im IB werden dagegen hauptsächlich Beratungen und Tradings durchgeführt und mit Wertpapieren gehandelt, die am Kapitalmarkt veräußert werden können.[40]

---

[36] Vgl. Achleitner (2000), S. 6.
[37] Monetäre Dispositionsmöglichkeiten sind Wirtschaftsgüter, mit denen ein Anspruch auf Bargeld oder Sichtguthaben geltend gemacht werden kann. Sie können über ein Geschenk oder Darlehen und Eigenkapital übertragen werden. (Vgl. Hockmann/ Thießen 2002, S. 3-6).
[38] Hockmann/Thießen (2002), S. 3.
[39] Vgl. Achleitner (2000), S. 18.
[40] Vgl. Nega-Ledermann (2007), S. 1.

3.2 Anforderungsprofil des Investment Bankers

Das Dienstleistungsspektrum im IB erfordert eine hohe Expertise in den Bereichen der Produkte, die angeboten werden, den Branchen der Unternehmen der Kunden und den verschiedenen Ländern, in denen die Bank agiert sowie Fähigkeiten zur Analyse und Bewertung von Unternehmen.[41] Das hohe geforderte Know How führt dazu, dass die Personalrekrutierung im IB sich auf die Zielgruppe der High Potentials konzentriert. Im Vergleich zu den übrigen Hochschulabsolventen zeichnen sich diese allgemein durch eine sehr gute Abschlussnote, kurze Studienzeit, Auslandsaufenthalte, absolvierte Praktika, sowie sehr gute Fremdsprachenkenntnisse aus.[42] Für den langfristigen Erfolg eines Investment Bankers z.B. im Bereich Mergers and Acquisition ist es von Notwendigkeit, dass er die Fähigkeit besitzt, den realistischen Wert einer Firma abschätzen zu können. Er untersucht dabei die Zielerreichung, die Einnahmen, den Marktwert sowie das Vorhandensein eventueller Unternehmenskäufer oder Unternehmen, die aufgekauft werden können. Die Arbeitsphilosophie der Investment Banker wird sprichwörtlich in drei Sätzen zitiert: „Alles ist im Leben verhandelbar. Einer gewinnt. Einer verliert."[43] Skrupellosigkeit wird häufig mit der Mentalität von Investment Bankern verbunden. Besonders in dem Bereich Mergers and Acquisition kommt es häufig dazu, dass die Banker ihren Kunden Unternehmenszu- oder –verkäufe empfehlen und damit gegebenenfalls einen Großteil an Arbeitsplätzen indirekt vernichten.[44] Investment Banker sollten auch besonders belastbar sein. Eine hundert Stunden Woche ist in dieser Branche durchaus üblich.[45] Ein Investment Banker sollte zu jedem Zeitpunkt, ob am Wochenende oder auch in der Nacht für den jeweiligen Kunden erreichbar sein. Der Kunde eines Investment Bankers wird zu einem Teil seines Lebens. Eine Balance zwischen Familie, Freunde, Beruf und Karriere zu schaffen, ist nur schwer möglich.[46] Den Ausgleich für den hohen Leistungsdruck und die langen Arbeitszeiten schaffen ein überdurchschnittliches Gehalt und steile

---

[41] Vgl. Pawelka (2003), S. 26.
[42] Vgl. Teufer (1999), S. 196.
[43] Schwarze (2003), S. 125.
[44] Vgl. Dunne, J. (2002), S. 35f.
[45] Aus den geführten Interviews in Erfahrung gebracht.
[46] Vgl. Byrne (2002), S. 21

Karrierechancen.[47] Das erwartete Einstiegsgehalt des Durchschnittsabsolventen aus den unterschiedlichsten Bereichen beträgt knapp 37.000 Euro.[48] Im IB dagegen ist mit einem fast doppelt so hohen Gehalt zu rechnen, wobei die leistungsabhängige Zusatzzahlung noch nicht eingerechnet wurde.[49] Das Gesamteinkommen (Gehalt + Bonus) der höheren Angestellten im IB fiel in den letzten Jahren häufig höher aus als das Gesamteinkommen der Vorstandsmitglieder der Bank. Mehr als 10 Investment Banker verdienten im Jahre 2007 weit mehr als Josef Ackermann, der Vorstand der Deutschen Bank AG.[50] Ein Grund für die immensen Bonuszahlungen sind die hohen Gewinne, die die Banken mit den Geschäften innerhalb des IBs erzielt haben. Josef Ackermann rechtfertigt die Millionenbezüge der Manager im Investment Banking mit der hohen Verantwortung und den generellen internationalen Maßstäben. Eine Verringerung der Gehälter könnte somit eine Abwanderung der Spitzenkandidaten nach sich ziehen.[51]

Alle Investment Banker müssen mit internen Informationen sehr diskret umgehen können. Ein Investment Banker zeichnet sich dennoch weniger durch Tugenden und Loyalität zum Unternehmen aus, als vielmehr durch seine dynamische Arbeitsweise und seine elitäre Ausbildung. Ein Grund dafür ist, dass im IB das Beziehungsmanagement zu Kunden eine wesentlich geringere Rolle spielt als die zu realisierenden Gewinne, während im Traditionsgeschäft von Banken sehr großen Wert auf eine langfristige, vertrauensvolle Beziehung zum Kunden gelegt wird.[52]

Eine Beschäftigung im IB beinhaltet herausfordernde und spannende Aufgaben, die Chance auf Auslandsaufenthalte, gezielte Förderung der Karriere, gute Karrierechancen, womit sie insbesondere den Anforderungen der High Potentials entspricht. Zur Sicherstellung, dass der zukünftige Mitarbeiter den Qualifikationsanforderungen gerecht wird, wird dem Bewerber der Einstieg in diesen Bereich erheblich erschwert. Voraussetzung ist ein Hochschulstudium mit Spitzen-

---

[47] Vgl. Eberts/Gisler/Olson (2004), S. 108f.

[48] Vgl. http://www.ey.com/Global/assets.nsf/Germany/Studie_Studenten_2008/$file/Studie_Studenten_2008.pdf, Stand: 03.01.2009, S. 14.

[49] Vgl. http://www.wiwo.de/karriere/die-zehn-bestbezahlten-berufe-247809/3/, Stand: 03.01.2009.

[50] Vgl. http://www.tagesspiegel.de/wirtschaft/;art271,25010300, Stand: 08.12.2008.

[51] Vgl. http://www.manager-magazin.de/unternehmen/artikel/0.2828.396024.00.html, Stand: 08.12.2008.

[52] Vgl. Schuster/Widmer (2004), S. 74f.

leistungen, vorzugsweise in den Wirtschaftswissenschaften sowie sehr häufig ein bereits absolviertes Praktikum im IB. In einem Bewerbungsgespräch sollte ein potenzieller Bewerber Engagement, Flexibilität, Teamfähigkeit, hohes Durchhaltevermögen und eine große Affinität zu Finanzen aufweisen.[53] Gleichzeitig herrscht im Bereich des IB eine „Hire and Fire“ Kultur.[54] Wer dem hohen Leistungsdruck nicht gewachsen ist, wird das Unternehmen nach kurzer Zeit wieder verlassen oder entlassen werden. Die „Hire and Fire“ Kultur sowie die extremen Arbeitszeiten deuten auf das Sprichwort hin: „Survival of the fittest.[55]“ Wer in dieser Branche überleben möchte, muss kämpfen und immer so gut sein wie die anderen, wenn nicht noch besser. Die hohen Gehälter sind nicht nur ein Resultat aus den hohen Gewinnen, sondern auch ein Ergebnis des Konkurrenzkampfes zwischen den Banken um die besten Banker. Regelmäßig werden Investment Banker durch das Anbieten eines höheren Gehaltes von ihrem jetzigen Arbeitgeber abgeworben. Die Investment Banken haben erkannt, dass, je größer das Potential und die Leistung der Arbeitnehmer sind, desto mehr Erfolge erzielt die Bank, woraus gleichzeitig eine bessere Vergütung der Mitarbeiter resultiert und im Umkehrschluss eine höher qualifizierte Bewerberauswahl generiert wird.

3.3 Die Finanzkrise und ihr Einfluss auf die Entwicklung des Investment Bankings

Die Finanzkrise löste einen Wandel innerhalb der Branche des IBs aus. Sie hatte Auswirkungen auf den Tätigkeitsbereich der Investment Banker sowie auf die Existenz reiner Investment Banken. Die Entwicklung der Finanzkrise begann in den USA. Die stetig zunehmende Bevölkerungsanzahl führte zu einer erhöhten Nachfrage nach Immobilien und steigerte deren Wertigkeit um ein Vielfaches. Nicht nur die überhöhten Immobilienpreise, auch die Senkung der Leitzinsen durch die Federal Reserve machten den Immobilienmarkt für institutionelle Anleger und Investoren zu einem besonders lukrativen Geschäft. Es kam zu übermäßiger Kauf- und Bautätigkeit in den USA.

---

[53] Vgl. Leppin (2004).
[54] Vgl. Walsh (2008), S. 142.
[55] Übersetzung: Nur der stärkste überlebt.

Mit der Zeit wurden immer häufiger Hypothekendarlehen an Bürger gewährt, die, gemessen an ihrem Einkommen, nicht fähig waren, diese Darlehen zurückzuzahlen (Suprime-Kredite). Die Kreditgeber und -nehmer spekulierten auf weitere Wertsteigerungen der Immobilien.[56] Nicht die Sicherheiten waren für sie entscheidend, vielmehr die Provision auf die abgeschlossenen Kaufverträge. Die Kredite wurden syndiziert und über den Kapitalmarkt verkauft. Investment Banken wandelten diese zum Teil in undurchsichtige Finanzprodukte, die sie internationalen Investoren anboten.[57]

Im Jahre 2006 begannen die Preise für die Immobilien zu fallen, was zum Auslöser der Kreditkrise wurde. Die sog. Suprime-Kredite konnten durch die erhöhten Leitzinsen nicht mehr bedient werden. Der steigende Verlust der Hypothekenkreditinstitute machte sich bald darauf auch an der Börse bemerkbar und wirkte sich somit auf die gesamte Wirtschaft aus.[58] Die Geschäfts- und Investmentbanken handelten mit der Überzeugung, das Risiko des Hypothekengeschäftes an den Markt abzugeben und waren letztlich doch von den Risiken betroffen. In Deutschland haben zahlreiche Banken am Immobilienmarkt spekuliert und drohten daran unterzugehen. Eine bekannte Privatbank, die IKB, gab als erste bekannt, dass sie kurz vor dem Aus steht. Aus Misstrauen gegenüber der Geschäftsfähigkeit der anderen Banken wurden am Interbankenmarkt immer weniger Kredite, die die Liquidität der Banken sicherstellen, vergeben. Damit wurde aus der anfänglichen Immobilienkrise eine Finanzkrise.[59]
Zur Zeit versuchen Politiker und Zentralbanken durch die Bereitstellung von Milliardenbeträgen und Bürgemaßnahmen, die Banken vor einer Pleite zu schützen, um zu verhindern, dass auch das Vertrauen der Bürger in die Banken verloren geht. Gleichzeitig soll der Kreditfluss zwischen den Banken wieder angekurbelt werden.[60]

Bevor die Finanzkrise begann, gehörten zu den bekanntesten und größten Investment Banken an der Wall Street Goldman & Sachs, Merrill Lynch, Morgan

---

[56] Vgl. Jochen/Gisdakis (2008), S. 21.
[57] Vgl. http://hartgeld.com/filesadmin.pdf/Art_2008-102_EinJahrFinanzkrise.pdf, Stand: 23.11.2008.
[58] Vgl. Bischoff (2008), S. 18f.
[59] Vgl. Köhler (2008), S.95ff.
[60] Vgl. Siedenbiedel (2008), S. 35ff.

Stanley, Lehman Brothers sowie Bear Stearns. Sie erzielten enorme Gewinne durch sehr risikoreiche Geschäfte. Mit der Finanzkrise erlitten die Investment Banken einen Verlust in Milliardenhöhe. Drei von ihnen wurden im Zuge der Krise an andere Banken komplett oder zu Teilen verkauft. Die beiden größten der fünf Investment Banken, Goldman & Sachs und Morgan Stanley konnten überleben, mussten dafür allerdings ihren unabhängigen Status als Investment Banken aufgeben.[61] Rechtlich gesehen werden sie nun als Bank-Holding bzw. Universalbanken bezeichnet. Dieser Schritt hat die Konsequenz, dass die Federal Reserve Notenbank Aufsicht und Kontrolle über die Geschäfte der beiden Geschäftsbanken hat, was geringere Renditen und höhere Eigenkapitalanforderungen zur Folge hat.[62]

Von den fünf großen Investmentbanken an der Wall Street ist letztlich keine als solche übrig geblieben. Das Privat- und Firmenkundengeschäft rückt wieder stärker in den Vordergrund. Für die reinen Investmentbanken wird die Zukunft im Allgemeinen wenig zuversichtlich eingeschätzt.[63] Die Geschäftstätigkeit eines Investment Bankers wird allerdings auch in Zukunft noch bestehen, und somit wird man weiterhin geeignete und potentielle Fach- und Führungskräften in diesem Bereich benötigen und gewinnen wollen.

4 Gründe für die zunehmende Bedeutung des Employer Brandings für den Bereich des Investment Bankings

4.1 Demografischer Wandel

Eine ausreichende Bewerberauswahl am Arbeitsmarkt wird durch die Prognose des statistischen Bundesamtes in Zukunft nicht mehr vorhanden sein. Demnach nimmt die Bevölkerungsanzahl, die im Jahre 2005 noch 82,4 Millionen Menschen

---

[61] Vgl. http://wissen.spiegel.de/wissen/dokument/49/37/dokument.html?titel=Finanzkrise&id=60607394&top=Start&suchbegriff=finanzkrise&quellen=%2BBX%2CWIKI%2C%2BSP%2C%2BMM%2CALME%2CSTAT%2C%2BMEDIA&vl=0&qcrubrik=wirtschaft, Stand: 06.11.2008.

[62] Vgl. http://www.handelsblatt.com/unternehmen/banken-versicherungen/aschenputtel-kommt-in-die-filiale;2117940, Stand: 04.01.2009.

[63] Vgl. http://www.handelsblatt.com/unternehmen/banken-versicherungen/aschenputtel-kommt-in-die-filiale;2117940, Stand: 04.01.2009.

betrug, innerhalb von 25 Jahren auf knapp 77 Millionen Menschen ab.[64] Diese demografische Entwicklung ist auf das stetig wachsende Geburtendefizit zurückzuführen. Die Bundesrepublik Deutschland wird als „Low-Fertility-Land" bezeichnet, da, im Gegensatz zu anderen Ländern, die Geburtenrate seit 30 Jahren konstant bei einer vergleichsweise geringen Anzahl von 1,4 Kindern pro Frau liegt. Es ist eine Geburtenhäufigkeit von 2,1 Kindern pro Frau nötig, um einen Generationenersatz zu schaffen.[65] Die Migration steuert der Verringerung der Bevölkerungsanzahl in Deutschland nur geringfügig entgegen. Ohne Einwanderungen hätte sich der Rückgang vermutlich schon in den 70er Jahren bemerkbar gemacht.[66]
Die Lebenserwartung der Menschen ist in den letzten Jahren angestiegen. Die Folge dieser erhöhten Lebenserwartung und der verminderten Nachfolge ist eine zunehmende Veränderung der Alterstruktur innerhalb der Bevölkerung. Das Durchschnittsalter erhöht sich in den nächsten 30 Jahren um voraussichtlich 6 bis 10 Jahre, wodurch der Anteil der älteren Mitbürger stark ansteigen wird.[67] Bis zum Jahre 2030 rechnet man mit einem Anstieg des Anteils der über 65-jährigen an der Gesamtbevölkerung von 19% auf 29%.[68]

Die Abnahme der Bevölkerung sowie die alternde Gesellschaft ziehen starke Veränderungen auf dem Arbeitsmarkt nach sich. Bis zum Jahre 2050 wird die Zahl der Erwerbspersonen um 22% - 29% sinken. Dadurch wird ein langfristiger Arbeitskräftemangel ausgelöst, d.h. die Nachfrage nach Arbeitskräften kann durch die sinkende Anzahl an Bewerbern nicht mehr vollständig gedeckt werden.[69] Schon heute machen sich die Auswirkungen bereits in der Finanzbranche bemerkbar. In einer Studie analysierte McKinsey 13 große europäische Banken im Hinblick auf ihr Engagement im Bereich des Employer Brandings und stellte dabei heraus, dass diese sich bis heute nur gering in diesem Wettbewerb engagieren. Dennoch gaben zwei Drittel der untersuchten Banken an, bereits Probleme zu haben, genügend qualifizierte Mitarbeiter zu rekrutieren.[70]

---

[64] Vgl. Statistische Ämter des Bundes und der Länder (2007), S. 8ff.
[65] Vgl. Winkels (2007), S. 352.
[66] Vgl. Winkels (2007), S. 349.
[67] Vgl. Statistische Ämter des Bundes und der Länder (2007), S. 17.
[68] Vgl. Winkels (2007), S. 371.
[69] Vgl. Statistisches Bundesamt (2006), S. 21.
[70] Vgl. http://www.mckinseyquarterly.com/PDFDownload.aspx?L2=10&L3=51&ar=2148, Stand:

4.2 Wandel zur Wissensgesellschaft

Es ist mit einem starken Verlust qualifizierter und gebildeter Bewerber aufgrund der demografischen Veränderungen und dem Wandel von einer Industrie- zu einer Wissensgesellschaft zu rechnen. Das Arbeitsvolumen im industriellen Sektor ist in den letzten Jahren stark zurückgegangen. Ein Grund dafür sind neue Technologien, die menschliche Arbeit weitestgehend ersetzen können. Der Übergang zu einer Wissensgesellschaft erfordert immer mehr Arbeitnehmer, die hohe Qualifikationen in wissensintensiven Branchen aufweisen. In der Zeit um 1900 benötigten nur 17% aller Jobs sog. Knowledge Workers. Ein Jahrhundert später hat sich diese Zahl auf über 60% gesteigert.[71] Die Folge ist der Abbau der Stellen gering qualifizierten Personals, während für High Potentials ein Angebotsüberhang am Arbeitsmarkt erwartet werden kann.[72] Diesen Zustand bezeichnete McKinsey Ende der 90er Jahre als „War of Talents", ein Begriff, der immer mehr an Bedeutung gewinnt. Talent ist in diesem Zusammenhang mit dem Begriff High Potential vergleichbar. Sie werden auf den Arbeitsmärkten rar, da sich seit Ende der 70er Jahre die Nachfrage nach Arbeitskräften mit einem Hochschulabschluss mehr als verdoppelt hat, wohingegen sich die Nachfrage nach Arbeitskräften ohne Berufsbildung halbiert hat.[73] Das Humankapital wird damit zum ausschlaggebenden Faktor des zukünftigen Wirtschaftswachstums.[74] Gerade die Altersgruppe zwischen 35 und 44 Jahren weist das größte Potential zur Leistungsfähigkeit auf. Allein in Deutschland wird ihr Anteil an der Gesamtbevölkerung um 27% in den nächsten 10 Jahren abnehmen.[75]

25.10.2008.

[71] Vgl. Michaels/Handfield-Jones/Axelrod (2001), S. 3.

[72] Vgl. Petkovic (2008), S. 7.

[73] Vgl. Rosenbusch (2008), S. 96.

[74] Vgl. Rosenbusch (2008), S. 44.

[75] Vgl. Kirchgeorg/Lorbeer (2002), S. 1.

Abbildung 3:Demografische Entwicklung in ausgewählten Industrienationen von 1970 bis 2020 in der Altersgruppe der 35 bis 44-jährigen

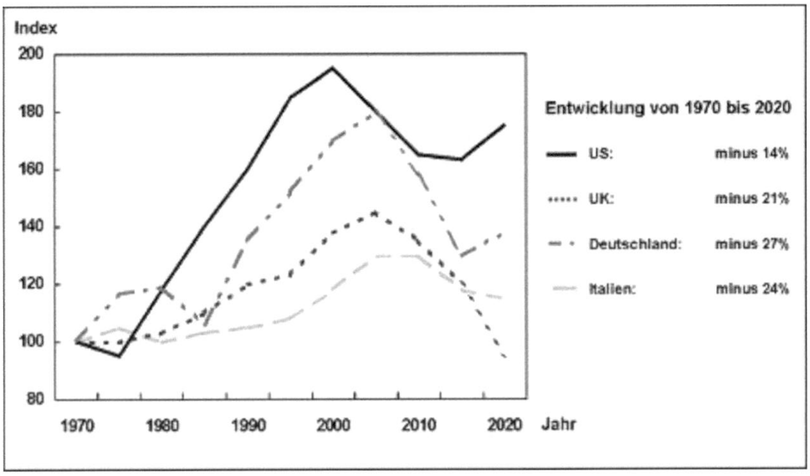

Quelle: Kirchgeorg/Lorbeer (2002), S. 1.

Betrachtet man diese zukünftige Entwicklung erkennt man die Relevanz, die der demografische Wandel und der Wandel zur Wissensgesellschaft für Unternehmen in Zukunft haben wird. Besonders betroffen von den Folgen sind die Unternehmen, die akademischen Führungsnachwuchs brauchen und rekrutieren wollen, um langfristig wettbewerbsfähig zu bleiben. Im IB werden stets hoch qualifizierte und sehr leistungsfähige Arbeitnehmer gesucht und eingestellt. Ferner wird sich diese Branche dem Wettkampf um die besten Arbeitnehmer verstärkt stellen müssen.[76]

4.3 Wertewandel der Bewerber

In vielen Umfragen kam zum Vorschein, dass nicht mehr das Geld der ausschlaggebende Faktor für die Zufriedenheit im Job darstellt. Vielmehr spielen Faktoren wie ein positives Arbeitsklima, ein ausgeglichenes Berufs- und Privatleben sowie Entwicklungsmöglichkeiten eine Rolle. Diese Wandlung ist auf den Wertewandel innerhalb unserer Gesellschaft zurückzuführen. Die Menschen streben nach einem erfüllten Leben, in der die Arbeit kein Ballast oder keine Mühe darstellt, sondern zur eigenen Selbstentfaltung beiträgt.[77] Gerade in der Branche des IBs kann aufgrund des hohen Arbeitspensums der Anspruch an ein

---

[76] Vgl. Saidi (2005), S. 15.
[77] Vgl. Bartscher/Huber (2007), S. 177ff.

ausgeglichenes Berufs- und Privatleben nicht erfüllt werden, und der starke interne Wettbewerb hat negativen Einfluss auf das wahrgenommene Arbeitsklima. Ein weiterer Faktor, der Maßnahmen im Employer Branding relevanter erscheinen lässt, sind die veränderten Einstellungen der Arbeitnehmer zum Unternehmen. Die Young Professionals, Arbeitnehmer mit bis zu 5 Jahren Berufserfahrung, wechseln immer häufiger ihren Arbeitgeber. In der Intelligence Group Studie wurde festgestellt, dass 7 von 10 Fach- und Führungskräften in den nächsten zwei Jahren vorhaben, ihren Arbeitsplatz zu wechseln.[78] Die Gründe für die erhöhte Wechselbereitschaft liegen zum einen in den hohen Ansprüchen der Mitarbeiter an ihren Arbeitgeber, zum anderen ist die Kopfarbeit der Hochqualifizierten nicht mehr so stark an einen Standort gebunden. Sie sind wesentlich flexibler und agieren autonom. So identifiziert sich dieser Personenkreis stärker mit seinem Wissensgebiet als mit seinem Arbeitgeber.[79] Auch im IB werden die High Potentials häufig durch ein gutes Lohnangebot zu der Konkurrenz gelockt. Ihr gesteigerter Wert auf dem Arbeitsmarkt hat zur Folge, dass sie nur noch geringfügig an einen Arbeitgeber gebunden sind. Erschwerend kommt hinzu, dass der Arbeitsstandort Deutschland immer häufiger als unattraktiv wahrgenommen wird. Mehr als 70% der deutschen Nachwuchskräfte haben in der Studie Intelligence Group den Wunsch geäußert, im Ausland zu arbeiten.[80] Die hohen Kosten für die Einstellung und Einarbeitung eines neuen Mitarbeiters sowie der Verlust der Erfahrung und des Wissens, machen es unumgänglich, durch Maßnahmen wie Employer Branding die Mitarbeiter an das Unternehmen langfristig zu binden, zumal es häufig die Besten sind, die von Headhuntern abgeworben werden oder von sich aus wechseln wollen.[81]

---

[78] Vgl http://www.stepstone.be/content/be/symposium/presentations/International%20 Recruitment%20-%20Intelligence%20Group!.pdf., Stand: 03.01.2009.

[79] Vgl. von der Oelsnitz/Stein/Hahmann von Haupt (2007), S. 54.

[80] Vgl. http://www.stepstone.be/content/be/symposium/presentations/International%20 Recruitment%20-%20Intelligence%20Group!.pdf., Stand: 03.01.2009.

[81] Vgl. http://www.now-markenberatung.de/downloads/Kopfjagd_mit_Marke.pdf, Stand: 24.09.2008.

4.4 Finanzkrise

Das Geschäft des IB wird erhalten bleiben, nur wird die Finanzkrise einige Veränderungen in dieser Branche nach sich ziehen:[82]

- Die Arbeitgeberwahl kann davon beeinflusst werden, ob die Bank die angebotene Hilfe vom Staat annimmt oder angenommen hat. Die damit zusammenhängenden Regelungen[83], wie z.B. die Begrenzung der Managergehälter oder die stärkere Kontrolle über die Bank und den einzelnen Arbeitnehmer wird Auswirkungen haben auf die Entscheidung, zu welchem Arbeitgeber man geht oder ob man bleibt. [84] Die Absolventen könnten bei der Wahl ihres Arbeitgebers eine durch den Staat unterstützte Bank bevorzugen, da sie ihrer Meinung nach mehr Sicherheit bietet, wovon auch Ratingagenturen überzeugt sind, oder sie entscheiden sich für eine Bank, die auch ohne das zur Verfügung gestellte Kapital bzw. die zur Verfügung gestellten Bürgschaften ihren Geschäftsbetrieb aufrechterhalten konnte.
- Die in der Vergangenheit eingegangenen besonders risikoreichen Transaktionen werden aufgrund der Verteuerung von Krediten, die die Voraussetzung vieler Geschäfte sind, nicht mehr stattfinden können. Gleichzeitig können Kredite bei einer staatlichen Prüfung als zu unsicher und zu gefährlich eingestuft werden. Die Folge ist ein IB, das in seinem Ausmaß kleiner wird und an Profitabilität stark abnimmt.[85] Boston Consulting rechnet in einer Studie mit einer Verringerung der bisherigen Gewinne im IB um bis zu 50% in den nächsten zwei Jahren.[86]
- Aufgrund der geringeren Gewinne werden die Gehälter der Investment Banker in der Konsequenz geringer ausfallen als bisher, wodurch das Geschäft für die Mitarbeiter nicht mehr so attraktiv sein wird, wie noch vor ein paar Monaten.[87]
- Das IB Geschäft wird durch ein geringeres Transaktionsvolumen ein kleineres

---

[82] Vgl. Frankfurter Allgemeine Zeitung (2008a), S. 13.
[83] Vgl. Frankfurter Allgemeine Zeitung (2008a), S. 13.
[84] Vgl. http://www.iht.com/articles/2008/09/18/business/co119.php, Stand: 24.10.2008.
[85] Vgl. Balsen (2008), S. 17
[86] Vgl. http://www.bcg.com/publications/files/BCG_PM_IBanking_Q1_2008_17Juni2008. pdfStand: 03.01.2009, S. 1.
[87] Vgl. http://www.iht.com/articles/2008/09/18/business/co119.php, Stand:24.10.2008.

Renditepotential aufweisen und somit für viele Investment Banker nicht mehr so reizvoll sein.[88]

- Nach dem amerikanischen Prinzip „Hire and Fire" werden auch in Deutschland in den nächsten Monaten zahlreiche Investment Banker ihren Job, durch die Verringerung der Geschäftstätigkeit in dem Bereich IB, verlieren. Allein innerhalb der Deutschen Bank AG wurden bis heute schon 1050 Investment Banker weltweit entlassen.[89]
- Die Glaubwürdigkeit einer Bank und seines Managements wird zukünftig eine sehr große Rolle spielen, da es nicht mehr nur um die Umsatzzahlen einer Bank geht, sondern um die Zurückgewinnung des Vertrauens von Kunden und Aktionären.[90]
- Die Krise hat auch das Image der Branche und der Mitarbeiter stark negativ beeinflusst. Noch vor einem halben Jahr genossen Investment Banker ein großes Ansehen und waren erfolgsverwöhnt. Ihr Ansehen haben sie in der Krise verloren und stattdessen gelten sie im eigenen Freundeskreis bereits als unerwünscht.[91] Den Investment Bankern wird häufig die Verantwortung für die Finanzkrise gegeben. An der Wall Street sollen sie ihre Macht, ohne Rücksicht auf Verluste der Anleger, ausgespielt haben. Sie werden angeklagt, mit undurchsichtigen Wertpapieren ihren Reichtum auf Kosten anderer erwirtschaftet zu haben.[92] Ihre überdimensionalen Gehälter honorierten sie nur für den kurzfristigen Erfolg. Eine langfristige Sichtweise hätte die Banken vor der Krise bewahren können.[93]

Potenzielle Arbeitnehmer in dem Bereich IB werden sich durch das negativ angehauchte Image, geringere Gehälter sowie stärkere Kontrolle am Arbeitsmarkt verringern.[94]

Das Employer Branding soll dazu beitragen, bei kleinerem Angebot, trotz des negativen Images, die qualifizierten High Potentials am Arbeitsmarkt zu

---

[88] Vgl. Sleegers (2008), S. 12
[89] Vgl. http: //www.bilanz.ch/edition/artikel.asp?Session=30BAE97B-4BBE-4A33-888E-B0136CD19BF8&AssetID=5515, Stand: 31.10.2008.
[90] Vgl. Frankfurter Allgemeine Zeitung (2008a), S. 13.
[91] Vgl. http://www.fr-online.de/in_und_ausland/panorama/1628467_Bloss-keinen-Investmentbanker-als-Freund.html, FR-online
[92] Vgl. http://www.manager-magazin.de/geld/artikel/0.2828.579860.00.html, Stand: 06.11.2008.
[93] Vgl. Sleegers (2008), S.12.
[94] Vgl. Zirnsack (2008), S: 11.

rekrutieren. Anhand einer gezielten Analyse der Wünsche und Anforderungen der zukünftigen Arbeitnehmer, wird eine Strategie entwickelt, die das Unternehmen auch im Hinblick auf die Krise zum Wunscharbeitgeber werden lässt. Neben der Außenwirkung wirkt sich eine Employer Branding Strategie auch positiv auf die bestehenden Mitarbeiter aus. Um die Motivation und die Bindung der Besten an das Unternehmen zu erhalten und einer Abwanderung qualifizierter Arbeitnehmer entgegenzuwirken, ist ein kontinuierliches Employer Branding auch oder sogar gerade in Krisenzeiten erforderlich.[95] Um das Image zu wahren, sollte man somit langfristig denken und keine einschneidenden Maßnahmen vornehmen.[96]

5 Analyse der Entscheidungskriterien bei der Arbeitgeberwahl angehender Investment Banker

5.1 Prozess der Arbeitgeberwahl

Zu Beginn eines Arbeitgeberwahlprozesses steht eine **Selbstselektionsphase** des Absolventen, auf die die Unternehmen keinen oder nur einen indirekten Einfluss haben.

Die Wahl der Branche, in der das Individuum in Zukunft tätig sein möchte, ist abhängig von individuellen Interessen und personenspezifischen Merkmalen, die nur geringfügig durch die Unternehmen gelenkt werden können.[97] Das Image einer Branche hängt allerdings auch von den Firmen selbst ab, so dass die Entwicklung von Interessen dennoch von Unternehmen mit beeinflusst werden kann.

Den Absolventen ist nicht das sog. *Total Set*, also die Gesamtheit aller potenziellen Arbeitgeber bekannt. Ihre Auswahl beschränkt sich auf das *Awareness Set*, d.h. auf die Unternehmen, deren Namen und Branchenzugehörigkeit dem Absolventen ein Begriff sind. Detaillierte Auskünfte und Wissenswertes über die bekannten Firmen erhalten die potenziellen Bewerber wiederum nur vereinzelt. Diese Unternehmen werden dem *Processed Set* zugeordnet. Zu welchem der drei Sets die einzelnen Unternehmen gehören, ist

[95] Vgl. Klefges (2004), S. 58.
[96] Vgl. Wiese (2005), S. 102f.
[97] Vgl. Teufer (1999), S. 172f.

abhängig von ihrem Unternehmensimage, das wiederum von der Bekanntheit und der Art an Informationen über einen Arbeitgeber abhängig ist.[98]

Die Auswahl wird häufig auch in Abhängigkeit des Standortes eines Unternehmens getroffen. So kommt es häufig vor, dass sich ein Bewerber gezielt nur in seiner Umgebung nach bestimmten Arbeitgebern umsieht und andere in Frage kommende Unternehmen gar nicht erst wahrnimmt.

Die zweite Stufe des Arbeitgeberwahlprozesses ist die **Entscheidungsphase**. Die Entscheidung für ein Unternehmen ist abhängig von den spezifischen Merkmalen der einzelnen Unternehmen, die den Nutzen der zukünftigen Arbeitnehmer maximieren. Danach entscheidet der Absolvent sich für oder wider eine Bewerbung bei dem Unternehmen. Am Ende dieser Phase steht die Wahl des Wunscharbeitgebers.

Die Absolventen bewerten die unterschiedlichen Unternehmen nach Faktoren, wie z.B. der charakteristischen Unternehmenskultur oder dem zu erwartenden Gehaltsniveau. Nach der Beurteilung, anhand der Entscheidungskriterien, bleibt das *Relevant Set* an Unternehmen übrig. Es bildet die Gruppe, bei denen sich der Absolvent bewerben wird. Vor der endgültigen Entscheidung des eigenen Arbeitgebers, wird der Bewerber die Unternehmen genau betrachten, Informationen sammeln und die Unternehmen miteinander vergleichen, zur Festlegung der endgültigen individuellen Präferenzreihenfolge. Aufgrund der hohen Risikobehaftung bei der Arbeitgeberwahl ist das Informationsbedürfnis sehr hoch und die Bewertung besonders streng. Das erstpräferierte Unternehmen weist die höchste Attraktivität und die wenigsten Unsicherheiten auf und entspricht somit dem *Employer of Choice* des jeweiligen Absolventen. [99]

---

[98] Vgl. Petkovic (2008), S. 14f.
[99] Vgl. Petkovic (2008), S. 14f und Teufer (1999), S.66ff.

Abbildung 4: Selbstselektionsprozess eines Bewerbers

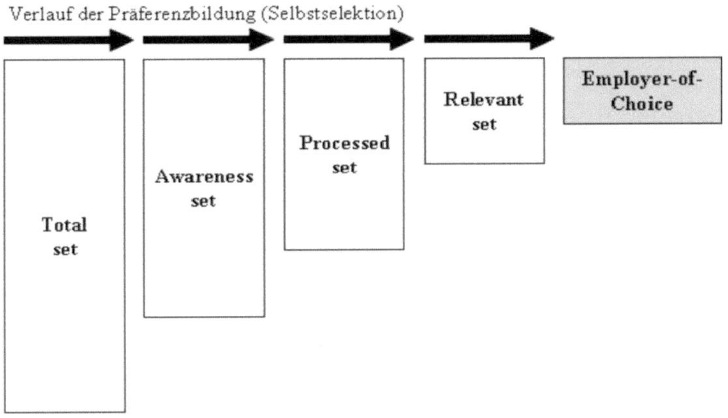

Quelle: Petkovic (2008), S. 15.

5.2 Einflussfaktoren auf die Arbeitgeberwahl

Zur optimalen Positionierung einer Bank am Arbeitsmarkt für potenzielle Investment Banker ist es notwendig, deren Forderungen an einen Arbeitgeber herauszustellen. Im Folgenden wurden mit Unterstützung eines erhobenen Fragebogens die Faktoren herausgearbeitet, die bei der Wahl eines Arbeitgebers für angehende Investment Banker eine Rolle spielen.

Die Soziodemographie der Befragten ist in der folgenden Tabelle dargestellt:

Abbildung 5: Die Soziodemographie der Befragten

Soziodemographie		
Gesamtzahl der Befragten: 48 Studenten		
Gesmatstichprobe	**Anzahl absout**	**Anzahl relativ**
Geschlecht	**Häufigkeit**	**Prozent**
Männlich	42	87,5
Weiblich	6	12,5
Durchschnittsalter	23,9	
Besuchte Hochschule	**Häufigkeit**	**Prozent**
Universität	35	72,9
Fachhochschule	11	22,9
Privat	1	2,1
Berufsakademie	1	2,1
Durchschnittliche Semesteranzahl	8,2	
Voraus. Studiumsabschluss im Durchschnitt	2009	
Durchschnittliche Abschlussnote	1,9	
Praktische Erfahrung im Investment Banking	**Häufigkeit**	**Prozent**
ja	33	68,75
nein	15	31,25

Quelle: Eigene Darstellung.

Insg. handelt es sich um eine Anzahl von 48 befragten Studenten bzw. Absolventen.

Mehr als 90% der Untersuchten gaben an, geeignete Kandidaten für eine besonders anspruchsvolle Investment Bank zu sein. Mehr als die Hälfte konnte bereits praktische Erfahrungen im IB sammeln und somit einen Eindruck darüber erlangen, was die Banken in diesem Bereich von ihren Arbeitnehmern erwarten und fordern. Der Notendurchschnitt von 1,9 und die geringe durchschnittliche Anzahl von 8 Semestern, (Durchschnittsstudienzeit für Wirtschaftswissenschaften liegt bei 10,5 Semestern[100]) bestätigen die Qualifikation der Stichprobe im Hinblick auf die Anforderungen im IB. Der Großteil wird im nächsten Jahr seinen Abschluss an der Universität, Fachhochschule, Berufsakademie oder einer Privaten Hochschule machen und sich in der Bewerbungsphase für oder wider einen Arbeitgeber entscheiden. Welche Kriterien der Wunscharbeitgeber für die Absolventen erfüllen sollte, wird in diesem Kapitel anhand gezielter Fragen herausgearbeitet. (siehe Anhang 1: vollständiger Fragebogen)

Die Ausführungen über die Entscheidungskriterien bei der Arbeitgeberwahl, in Verbindung mit den wichtigsten Ergebnissen der Auswertung, werden im Folgenden unterteilt in:

- Unternehmensmerkmale
- Tätigkeitsmerkmale
- Vergütungsmerkmale
- Gegebene Perspektiven
- Einfluss des Unternehmens- sowie Branchenimages

5.2.1 Unternehmensmerkmale

Im Zuge einer wachsenden Globalisierung, der verstärkten Anzahl von Unternehmenskäufen und Fusionen sowie der Finanzkrise gewinnt eine starke **Unternehmensmarke** immer mehr an Bedeutung.[101] Die Unternehmen, die über eine starke Corporate Brand verfügen, ziehen eher High Potentials an als Unternehmen mit schwachen Marken. Die High Potentials verbinden mit einer starken Marke eigene Vorstellungen, wodurch sich das Unternehmen positiv von Konkurrenzunternehmen absetzt.[102] Die hohe Wertigkeit einer Arbeitgebermarke bestätigt auch die Umfrage. 90% der Befragten gaben an, Wert darauf zulegen, sich mit der Arbeitgebermarke und ihrer Unternehmenskultur identifizieren zu können, wovon 56% es für besonders wichtig erachteten.

---

[100] Vgl. Wissenschaftsrat (2005), S. 38.
[101] Vgl. Esch/Tomczak/Kernstock/Langner (2006), S. 102ff.
[102] Vgl. Esch/Tomczak/Kernstock/Langner (2006), S. 9.

Abbildung 6: Ergebnis aus Frage 6 des Fragebogens

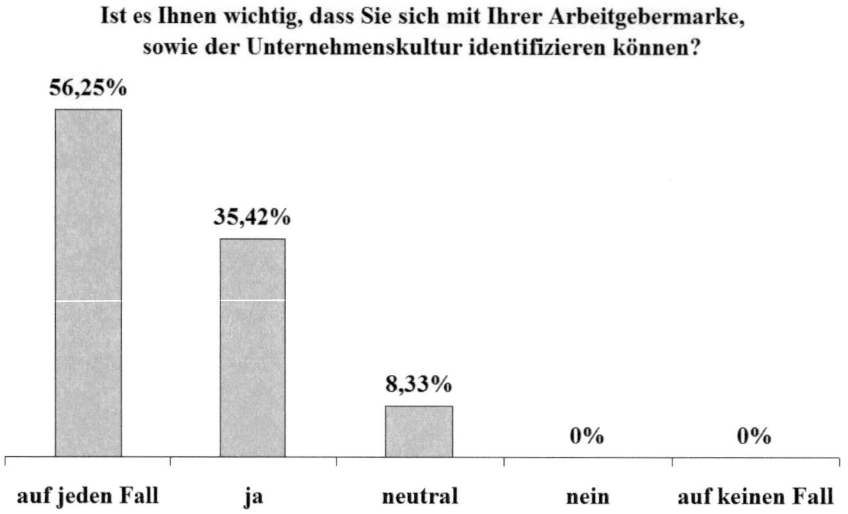

Quelle: eigene Darstellung.

Die Unternehmenskultur wird durch die Unternehmensmarke verkörpert. Sie spiegelt das Wertesystem, die angestrebten Ziele eines Unternehmens, gewisse Verhaltensnormen, den Sprachgebrauch und das äußere Erscheinungsbild des Unternehmens wieder.[103] Formuliert wird die Unternehmenskultur in Leitsätzen, die den Bewerben helfen, sich an den Werten und Normen des Unternehmens zu orientieren. In Krisensituationen oder Entscheidungen stellen die Werte, Ziele und Normen gewisse Verhaltensregeln dar, die Mitarbeiter, Führungskräfte und Öffentlichkeitsarbeit koordinieren und den Zusammenhalt der Belegschaft fördern.[104] Ziel des Unternehmens ist es, diese Leitsätze als Unternehmensmarke in den Köpfen der Anspruchsguppen und potenziellen Bewerber so zu verankern, dass eine Identifikation stattfinden kann.

Je höher zudem das Commitment der eigenen Mitarbeiter zur Corporate Brand ist, desto größer wird die Außenwirkung, weil der Mitarbeiter die Unternehmenswerte stark verinnerlicht hat und diese nach außen kommunizieren wird.[105] Die Wahrscheinlichkeit ist groß, dass die Kandidaten, die nicht die Möglichkeit hatten, Erfahrungen in dem Unternehmen über Praktika, Werkstudententätigkeiten etc. zu bekommen, die kommunizierten Meinungen der aktuellen oder ehemaligen Mitarbeiter automatisch und unbewusst übernehmen. Die Befragung zeigte, dass

---

[103] Vgl. Haase (1997), S. 72f.
[104] Vgl. Zirnsack (2008), S. 95.
[105] Vgl. Esch/Tomczak/Kernstock/Langner (2006), S. 77.

gegenüber dem **Markterfolg, dem Image und der Zukunftsfähigkeit** des Unternehmens die **Referenzen der ehemaligen sowie aktuellen Mitarbeiter** eine geringere Rolle spielt, dennoch beeinflusst dieser Faktor die Wahl, wie oben dargestellt, häufig unbewusst.

Abbildung 7: Ergebnis aus Frage 19 des Fragebogens

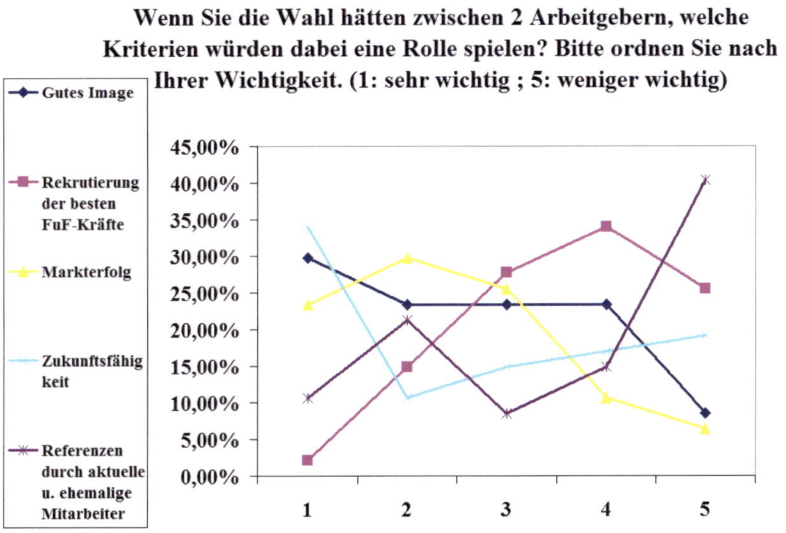

Quelle: Eigene Darstellung.

Auch mit Hinblick auf die derzeitige Finanzkrise ist es nicht verwunderlich, dass die Priorität bei der Arbeitgeberwahl bei der Mehrheit der Befragten von Faktoren des Markterfolges, des Unternehmensimages und auch der Zukunftsfähigkeit abhängen. Das weitere Bestehen einer Bank in Krisenzeiten oder die Aufrechterhaltung des Geschäftes IB wird durch die **Kontinuität** eines Unternehmens ausgedrückt. Kontinuität hat im Zuge der Krise eine gesteigerte Bedeutung erlangt. Ein Anteil von 67% der zukünftigen Investment Banker suchen bei ihrem Arbeitgeber nach Kontinuität.

Abbildung 8: Ergebnis aus Frage 10 (5.) des Fragebogens

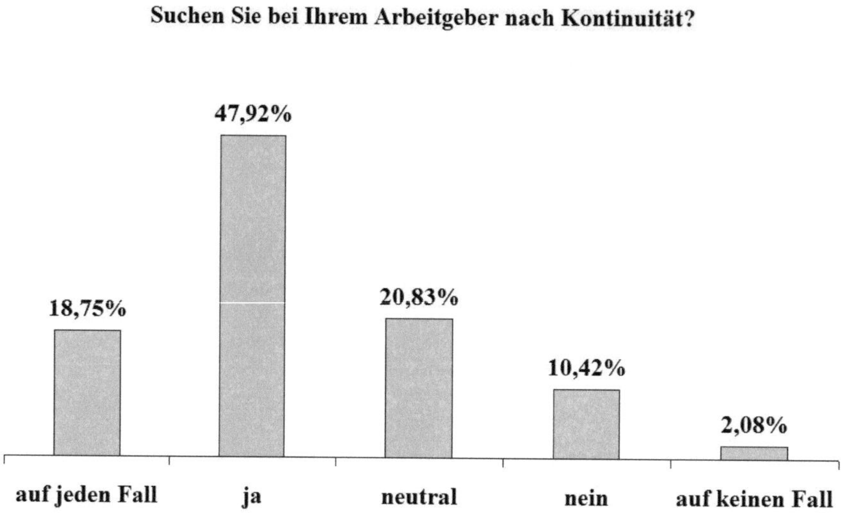

Quelle: Eigene Darstellung.

Die **glaubwürdige Identität** einer Corporate Brand ist die Basis für die Unternehmenskommunikation. Ein Unternehmen ist glaubwürdig, wenn seine Versprechungen und sein Handeln übereinstimmen. Verstärkt wird das Vertrauen in die Glaubwürdigkeit durch die Konsistenz der Botschaften über die Zeit. Vorraussetzung ist, dass das Unternehmen für die potenziellen, zukünftigen und aktuellen Arbeitnehmer transparent ist. Findet der Arbeitnehmer das vor, was ihm versprochen wurde, stärkt sich nicht nur sein Commitment, sondern auch seine Leistungsfähigkeit. Schafft das Unternehmen ein Vertrauen in seine proklamierten Werte, so wird das bestehende Risiko bei der Arbeitgeberwahl beträchtlich verringert. Die Arbeitgebermarke ist somit der Ersatz für Erfahrung mit dem Unternehmen.[106] Mehr als die Hälfte der angehenden Investment Banker in der vorliegenden Studie sehen die Glaubwürdigkeit als ein ‚sehr wichtiges' Attribut an, weitere 31% ordnen es in die Kategorie ‚wichtig' ein.

---

[106] Vgl. Petkovic (2008), S. 85.

Abbildung 9: Ergebnis aus Frage 10 (3.) des Fragebogens

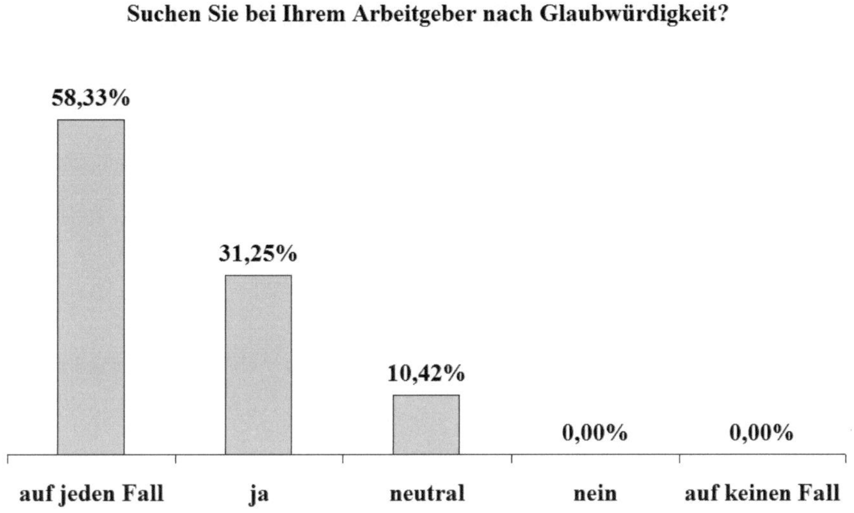

Quelle: eigene Darstellung.

Das **Arbeitsklima** innerhalb eines Unternehmens lässt sich aus der Unternehmenskultur ableiten, da es aus gewissen Normen und Werten, die im Unternehmen vorgelebt werden, resultiert. Ein gutes Arbeitsklima zeichnet sich durch kollegiales Verhalten aus und verhindert die Zuspitzung von Konflikten.[107] Knapp 50% der befragten Studenten sehen eine kollegiale Arbeitsatmosphäre sowie ein gutes Verhältnis zu ihren Vorgesetzten als besonders wichtig an und 25% halten es für wichtig.

Abbildung 10: Ergebnis aus Frage 8 des Fragebogens

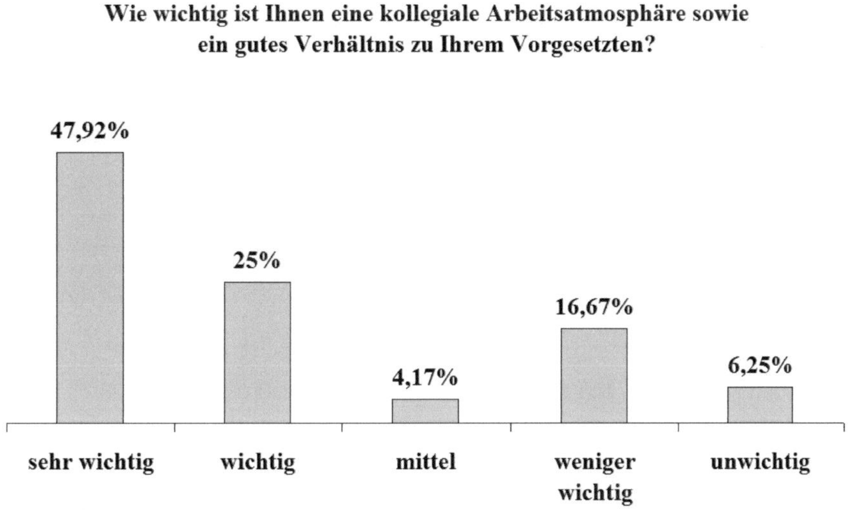

Quelle: eigene Darstellung.

---

[107] Vgl. Dziarnowski/Schütze (2007), S. 7.

Gerade im Hinblick auf die langen Arbeitszeiten, die im IB üblich sind, wird ein positives Arbeitsklima relevant, damit die Arbeitnehmer die Motivation aufbringen, so lange engagiert und effektiv zu arbeiten.[108]
Der **Standort** einer Bank in Deutschland hat ebenso Einfluss auf die Arbeitgeberwahl. 52% stimmen dieser Aussage zu.

Abbildung 11: Ergebnis aus Frage 14 des Fragebogens

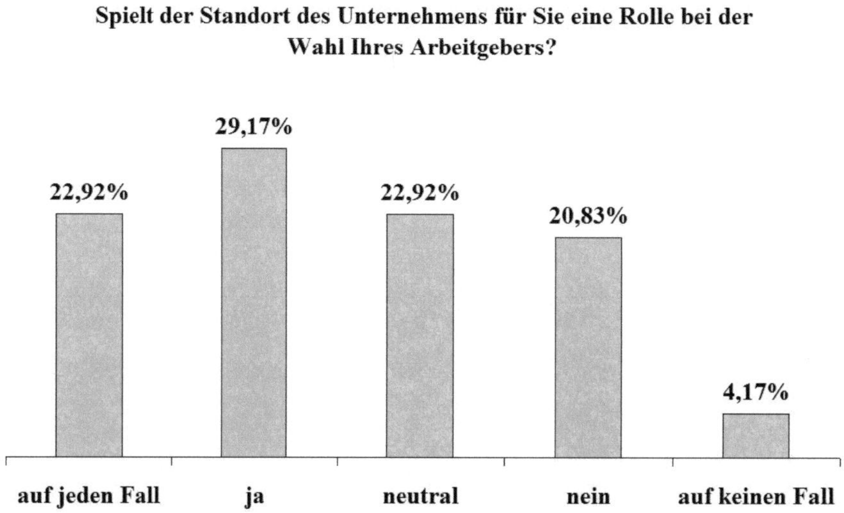

Quelle: eigene Darstellung.

In Deutschland bietet sich für Banken kaum ein besserer Standort als Frankfurt am Main, das häufig als ‚Bankenmetropole' bezeichnet wird. In Frankfurt sind die Börse sowie die Europäische Zentralbank angesiedelt und es gilt, durch die hohe Konzentration der Banken, neben London, als einer der bedeutendsten europäischen Finanzplätze. Die Konzentration der Banken an einem Ort vereinfachen Verhandlungen, Handel und Kommunikation untereinander, da Kooperationspartner zeitnah persönlich zu erreichen sind. Nicht nur die gewählte Stadt des Arbeitgebers wird von den Bewerbern kritisch betrachtet, sondern auch die örtliche Infrastruktur. Dazu zählt das Verkehrsnetz, die Anbindung zum Flughafen, Einkaufsmöglichkeiten oder auch die „intellektuelle Infrastruktur".[109] Liegt das Unternehmen zentral, z.B. in der Innenstadt, bieten sich dem Arbeitnehmer ohne umständliche Standortwechsel viele Möglichkeiten zum Essen wie auch zum Einkaufen, während Standorte im Industriegebiet oder außerhalb

---

[108] Abgeleitet aus den geführten Interviews.
[109] Vgl. Schmidt/Grote (2005), S. 4ff.

eine solche Vielfalt nicht bieten können.

Die **Modernität** eines Unternehmens hängt davon ab, ob es die neuesten Software-Systeme nutzt, sich in der Unternehmensführung nach Traditionen richtet oder modernen Richtlinien folgt und ob sich das auch in architektonischen Bauten oder der Einrichtung der Büroräume widerspiegelt. Die Modernität eines Unternehmens ist für mehr als 60% sehr wichtig oder wichtig. Besonders High Potentials sehen darin einen Unternehmensvorteil. Sie streben stets danach, auf dem neuesten Stand zu sein, z.B. mit der neuesten Software zu arbeiten, anstatt mit einer veralteten. Nur für 17% der Befragten wird die Qualität eines Arbeitgebers nicht von seiner Modernität beeinflusst.

Abbildung 12: Ergebnis aus Frage 25 (2.) des Fragebogens

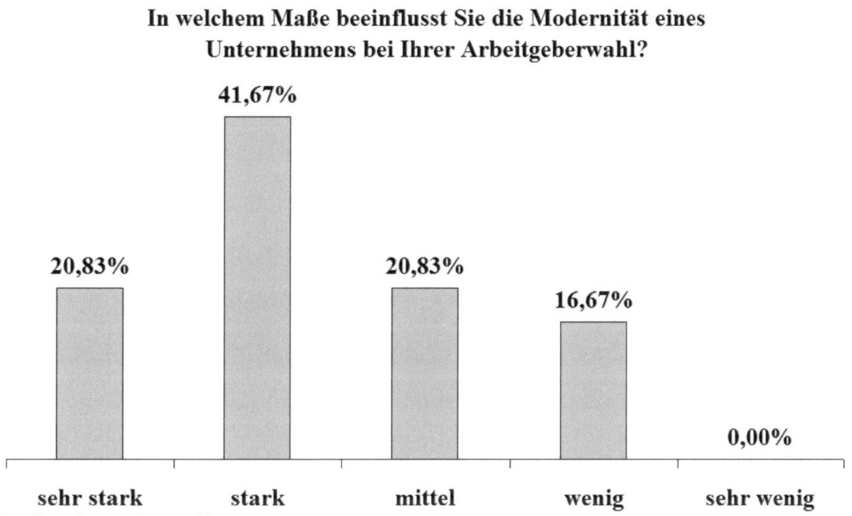

Quelle: eigene Darstellung.

5.2.2 Tätigkeitsmerkmale

Die Tätigkeit eines Arbeitnehmers unterscheidet sich zum einen durch Merkmale des Inhaltes und der Vielfalt. Mehr als 50% der zukünftigen Investment Banker wählten den Faktor **interessante und erfüllende Aufgaben** als eines der positivsten Merkmale ihrer zukünftigen Tätigkeit.

Abbildung 13: Ergebnis aus Frage 27 des Fragebogens

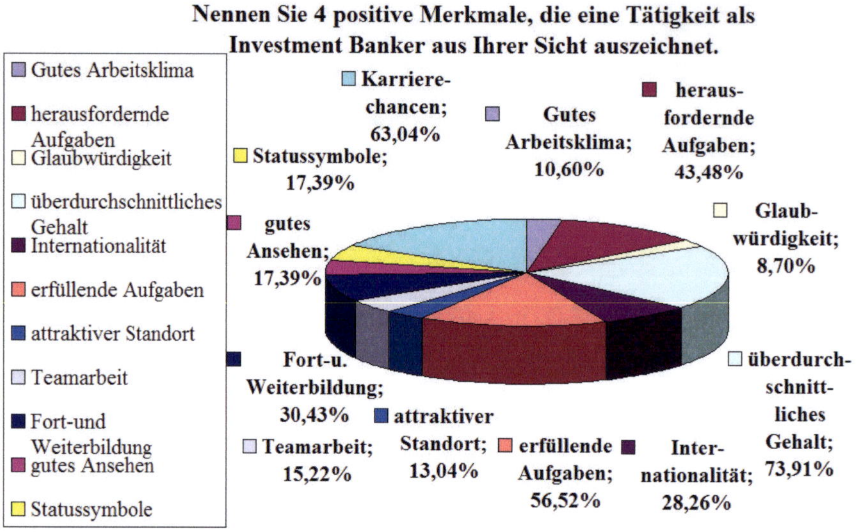

Quelle: eigene Darstellung.

Der Freude am Beruf fördert nicht nur die Leistungsbereitschaft, sondern auch die Mitarbeiterbindung. Je stärker sich ein Arbeitgeber bemüht, die Tätigkeiten seiner Arbeitnehmer interessant zu gestalten, desto mehr steigert er seine eigene Attraktivität.[110]

Daneben differenzieren sich die Tätigkeiten eines Arbeitnehmers nach der Höhe der Herausforderung und dem Grad der Selbstständigkeit.[111] Bei der Befragung hat sich herausgestellt, dass **herausfordernde Aufgaben** entscheidend die Wahl eines Wunscharbeitgebers beeinflussen. Bei der Frage, ob sie bei Ihrem zukünftigen Arbeitgeber nach ihnen suchen, antworteten 100% mit ‚auf jeden Fall' bzw. ‚ja'.

---

[110] Vgl. Baron/Kreps (1999), S. 316ff.
[111] Vgl. Petkovic (2008), S. 201.

Abbildung 14: Ergebnis aus Frage 9 des Fragebogens

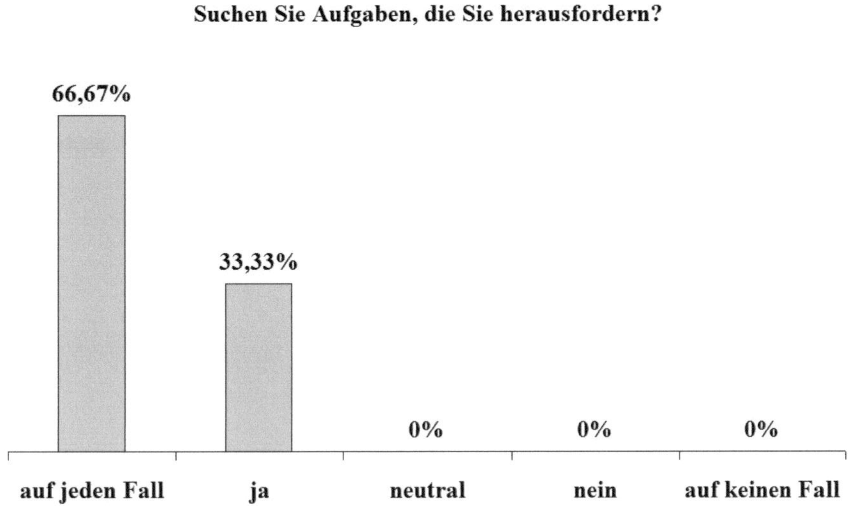

Quelle: eigene Darstellung.

Bei der Auswahl aller positiven Merkmale einer Tätigkeit im IB entschieden sich mehr als die Hälfte für herausfordernde Aufgaben. (Abb. 13) Auch **selbstständiges Arbeiten** ist für 35% ein sehr wichtiges und für 50% ein wichtiges Merkmal eines guten Arbeitgebers.

Abbildung 15: Ergebnis aus Frage 25 (3.) des Fragebogens

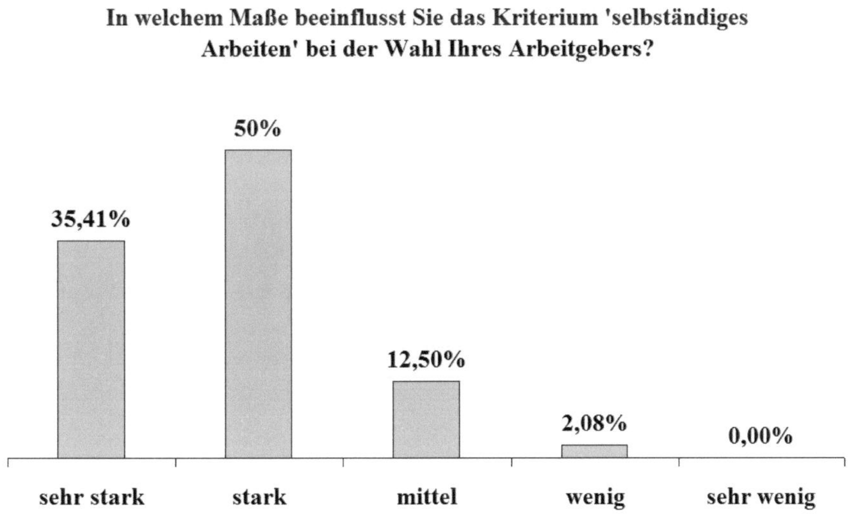

Quelle: eigene Darstellung.

Ein Großteil der qualifizierten Fach- und Führungskräfte fühlten sich in ihren Aufgaben unterfordert, wodurch die Gefahr der Fluktuation deutlich steigt.[112]

[112] Vgl. Heyse/Ortmann (2008), S. 41.

High Potentials zeichnen sich dadurch aus, dass sie jederzeit ihren Beschäftigungswert, ihre Employability, gesteigert wissen wollen.
Flache Hierarchien in einem Unternehmen werden durch eine geringere Anzahl an Führungsebenen gekennzeichnet. Der Vorteil sind kürzere Entscheidungswege und damit ein schnelleres operatives Handeln. Jedoch nur 37% der Befragten erachteten es für ein wichtiges Attribut eines Arbeitgebers.

Abbildung 16: Ergebnis aus Frage 20 des Fragebogens

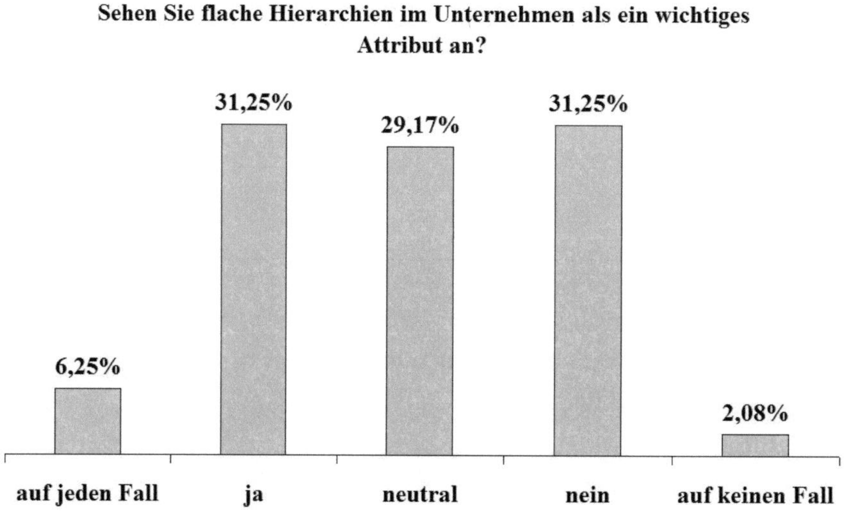

Quelle: eigene Darstellung.

Jeder Arbeitnehmer verfügt über sein, durch Erfahrung und Bildung geprägtes, individuelles Fachwissen. Für das Unternehmen ist es von großer Bedeutung, dass dieses Wissen bei einem Arbeitgeberwechsel nicht verloren geht. Von der Weitergabe des individuellen Wissens profitieren nicht nur das Unternehmen, sondern auch die jeweiligen Mitarbeiter. Indirekt wird ihr Wissen dadurch gehaltvoller. **Teamarbeit** gewährleistet das Teilen von Wissen. Ein Anteil von 94% der Befragten ist sich dieses Vorteils bewusst und legt großen Wert auf diese Zusammenarbeit.

Abbildung 17: Ergebnis aus Frage 17 des Fragebogens

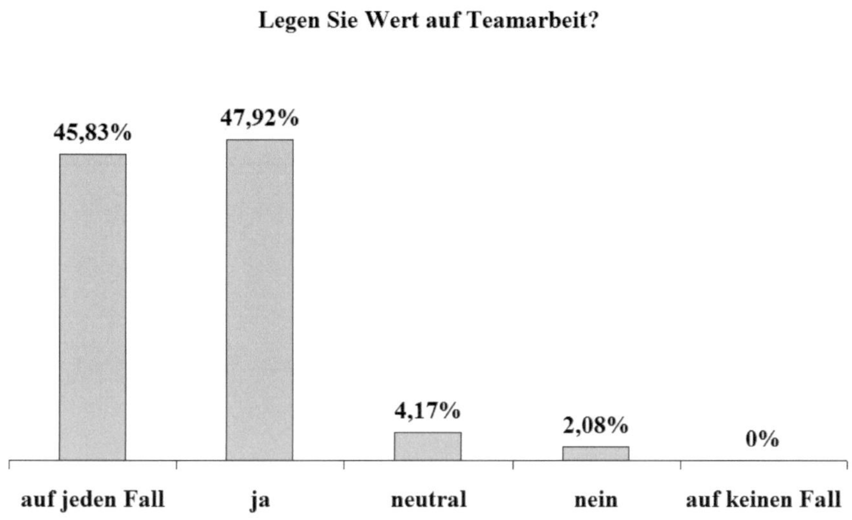

Quelle: eigene Darstellung.

Ein Erfolgsfaktor für Teamarbeit ist die **offene Kommunikation** im Unternehmen. Sie fördert die Bereitschaft zur Weitergabe des Wissens und erleichtert sie.[113] 64% der Studenten erhoffen sich von ihrem zukünftigen Arbeitgeber ein offenes Kommunizieren.

Abbildung 18: Ergebnis aus Frage 25 (1.) des Fragebogens

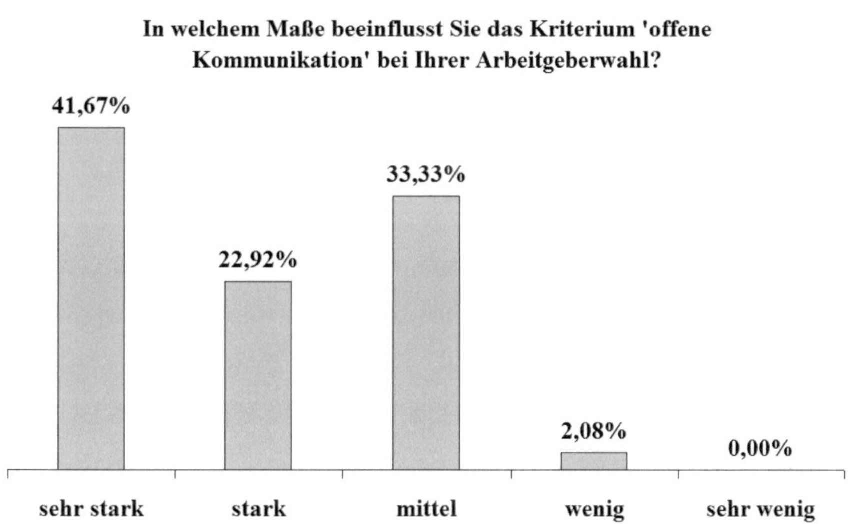

Quelle: eigene Darstellung.

Der Wissenstransfer zwischen den Mitarbeitern und Teamarbeit kann durch **internen Wettbewerb** gehemmt werden. Ein spezifisches Wissen sowie Können

[113] Vgl. Doppler/Lauterberg (2005), S. 446.

zeichnen den einzelnen Mitarbeiter aus und verleihen ihm eine gewisse Macht, die er durch eine Weitergabe seines Wissens verliert. Investment Banker werden täglich bei der Arbeit mit einem starken internen Wettbewerb konfrontiert. Der interne Wettbewerb hat auch seine positiven Seiten, da er die Mitarbeiter veranlasst, in qualitativer sowie quantitativer Hinsicht höhere Leistung zu erbringen. Mehr als 60% der Befragten halten den internen Wettbewerb in einem Unternehmen nicht für abschreckend und 25% sind in dieser Hinsicht neutral. Nur für ein Zehntel stellt es ein Problem dar, zukünftig mit den eigenen Teammitgliedern im Wettbewerb um eine weitere Beschäftigung oder Anerkennung zu stehen.

Abbildung 19: Ergebnis aus Frage 18 des Fragebogens

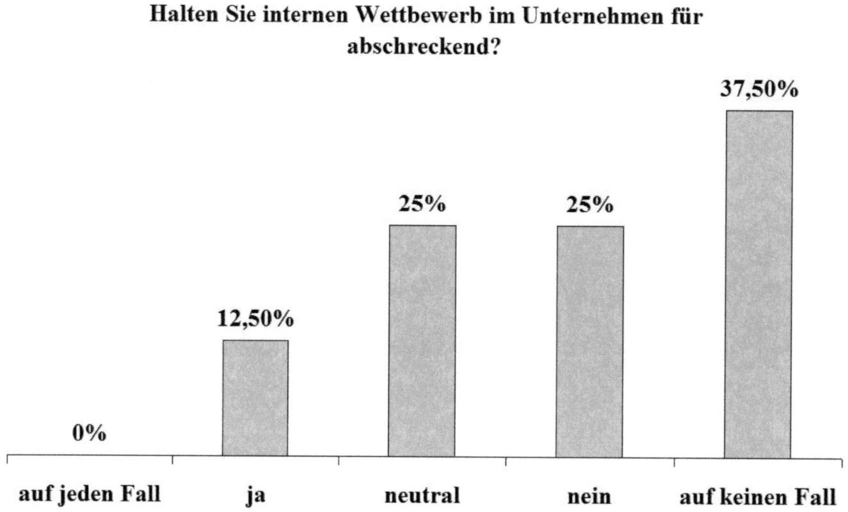

Quelle: eigene Darstellung.

Eine Tätigkeit im IB zeichnet sich nicht nur durch einen starken internen Wettbewerb aus, sondern auch besonders für die Young Professionals durch **lange Arbeitszeiten** und **wenig Urlaub** bzw. Erholung. Knapp 70% sehen die Vernachlässigung sozialer Kontakte als negativsten Punkt einer Beschäftigung in dem Bereich an, und 41% bewerten allgemein die langen Arbeitszeiten und 35% die Unregelmäßigkeit des Feierabends als besonders demotivierend.

Abbildung 20: Ergebnis aus Frage 28 des Fragebogens

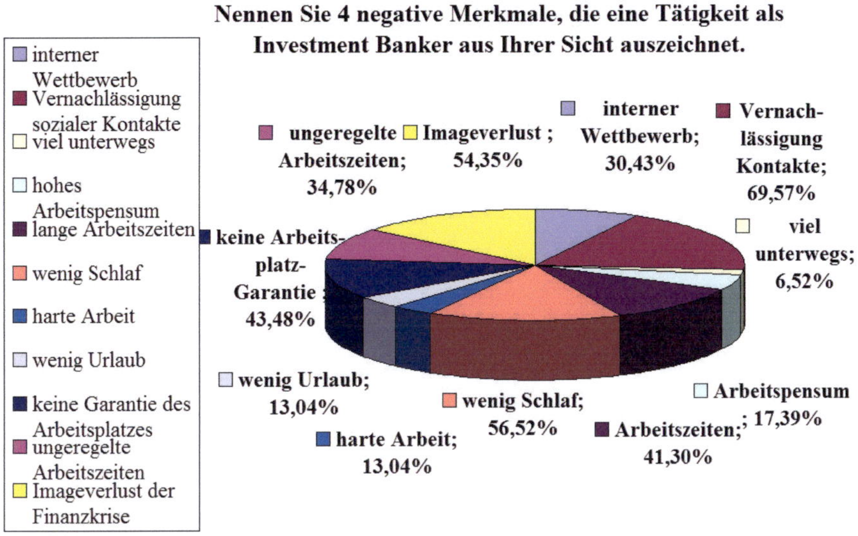

Quelle: eigene Darstellung.

In einer Studie wurde belegt, dass Wochenarbeitszeiten, die über 48 Stunden hinausreichen, bei den Beschäftigten die Krankheiten und Depressionen ansteigen lassen. Die hohe Belastung für den Körper durch Stressfaktoren im Job und die geringe zeitliche Möglichkeit zur Erholung sind demnach sehr riskant für die Arbeitnehmer.[114] 42% der Befragten ist es nicht besonders wichtig, eine durchschnittliche Anzahl an Urlaubstagen gewährt zu bekommen und sind damit bereit, für ihren zukünftigen Job auf Erholung zu verzichten.

Abbildung 21: Ergebnis aus Frage 23 des Fragebogens

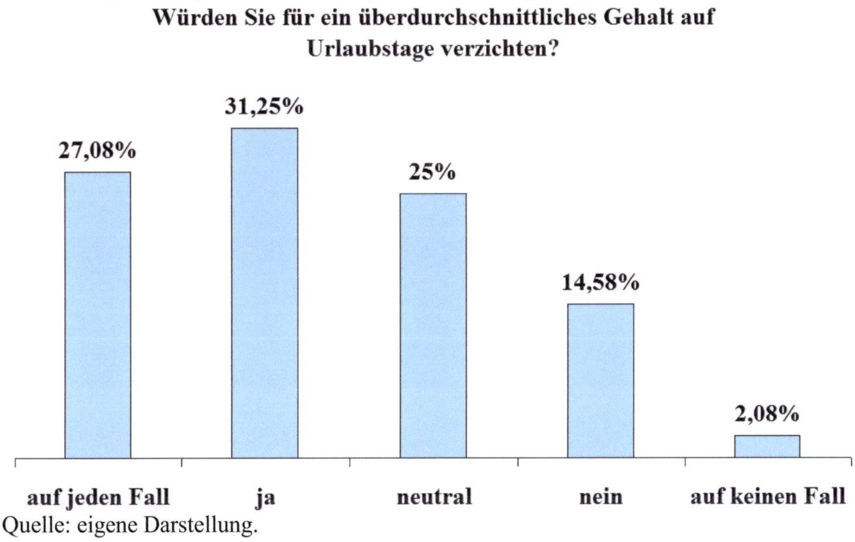

Quelle: eigene Darstellung.

[114] Vgl. Personalführung (2008), S. 14f.

Mehr als die Hälfte nannte zwar bei der Auswahl negativer Merkmale auch den damit verbundenen geringen Schlaf, aber an erster Stelle wurde es nur von 7% benannt. Dass die Arbeit hart, stark belastend und das Arbeitspensum weit über dem Durchschnitt liegt, sieht die Mehrheit im Vergleich zu den anderen Punkten als weniger negativ an. (siehe Abb. 20)

5.2.3 Vergütungsmerkmale

In der heutigen Zeit ist der Trend erkennbar, seine Mitarbeiter nicht nur monetär zu vergüten, sondern einen Mix aus monetären sowie nicht monetären Anreizen zu kreieren, sog. Strategic Rewards. Ziel ist es, zu motivieren und die Produktivität zu steigern.[115] Gehalt, Sozialleistungen und Statussymbole sind die einzig objektiv von der Gesellschaft wahrnehmbaren Vergütungsmerkmale und beeinflussen somit auch das Ansehen der Arbeitnehmer. Zu einer **nicht monetären Vergütung** zählen zum Beispiel eine betriebliche Altersvorsorge, Firmenwagen, Blackberry, Laptop, hohe Spesen oder auch Business Class Flüge. In dieser Studie belegte der Firmenwagen Platz eins der beliebtesten Statussymbole, gefolgt von Business Class Flügen und hohen Spesen. Etwas geringere Bedeutung kam der Betrieblichen Altersvorsorge zu. Im Allgemeinen erlangt diese freiwillige Sozialleistung des Arbeitgebers ihre erhöhte Wertschätzung erst mit zunehmendem Alter. Ein Laptop und ein Black Berry gehören in der heutigen Zeit schon fast zum Standard der nicht monetären Vergütung.[116] Das dürfte auch der Grund dafür sein, dass nur eine geringe Anzahl der Absolventen und Studenten diese als Statussymbole präferiert.

---

[115] Vgl. Brück/Haselgruber (2008), S. 35.
[116] Vgl. http://www.spiegel.de/wirtschaft/0.1518.325725.00.html, Stand: 22.11.2008.

Abbildung 22: Ergebnis aus Frage 26 des Fragebogens

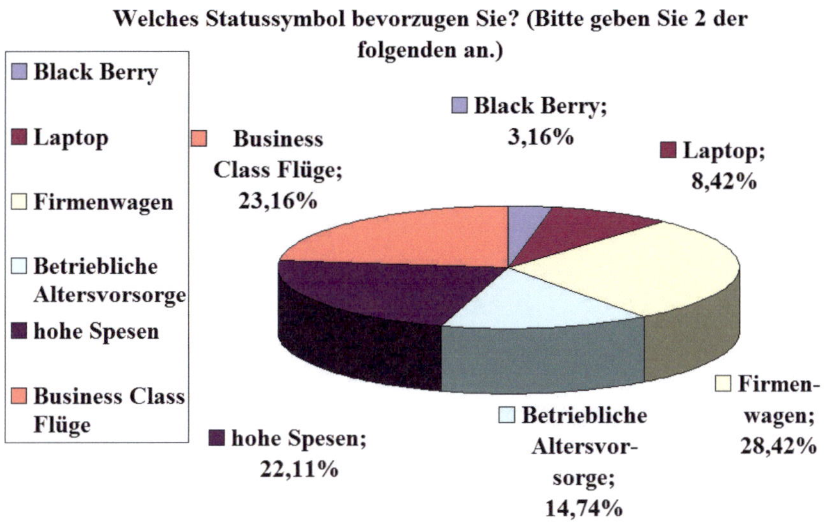

Quelle: eigene Darstellung.

Generell messen die Befragten **hohen Sozialleistungen** eine geringe Bedeutung zu. Nur ein Anteil von 21% ist auf der Suche nach einem Arbeitgeber, der hohe Sozialleistungen bereitstellt.

Abbildung 23: Ergebnis aus Frage 10 (2.) des Fragebogens

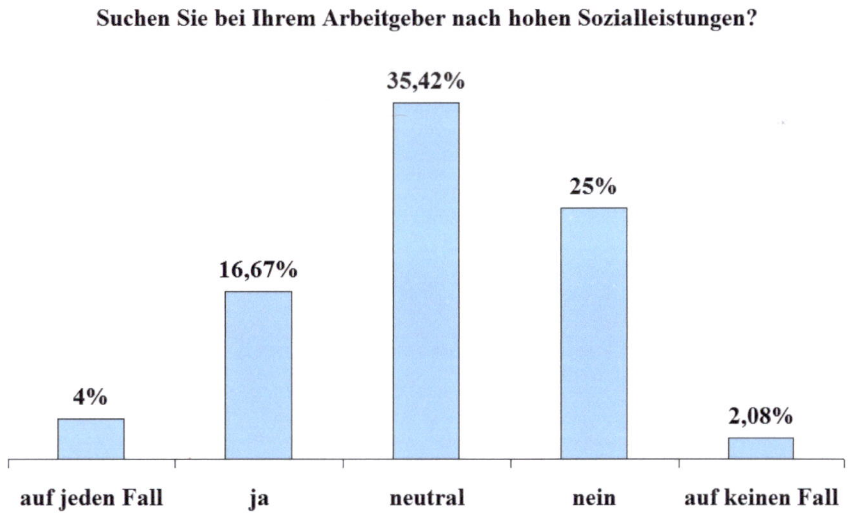

Quelle: eigene Darstellung.

Monetäre Vergütung dagegen hat einen entscheidenden Einfluss auf die Arbeitgeberwahl der befragten Studenten und Absolventen. Für 40% spielt dieser Faktor eine ‚sehr wichtige' und für 46% eine ‚wichtige' Rolle bei der Wahl des Arbeitgebers. Während 13% diese Frage neutral beantwortet haben, empfinden nur 2% das Gehalt als einen unwichtigen Faktor.

Abbildung 24: Ergebnis aus Frage 21 des Fragebogens

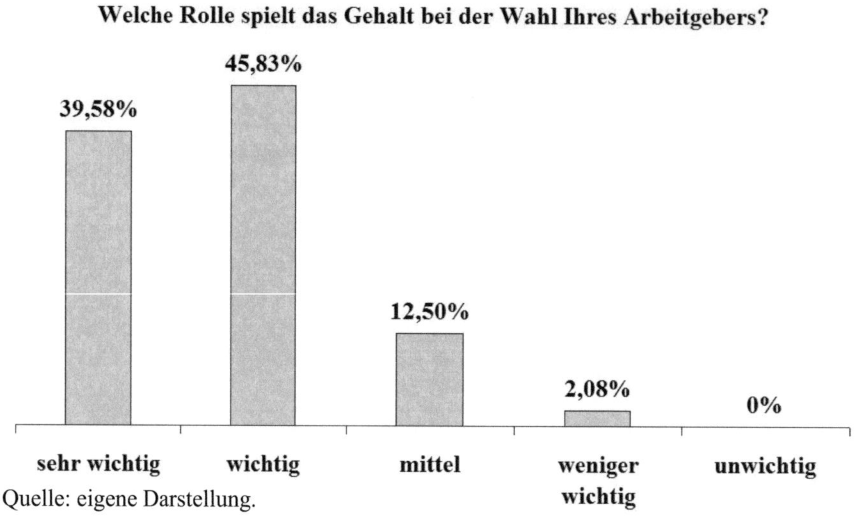

Quelle: eigene Darstellung.

In dem Bereich des IB wird das überdurchschnittlich gezahlte Gehalt häufig als Kompensation für die langen Arbeitszeiten und die geringen Erholungsmöglichkeiten angesehen. Mehr als 80% können sich vorstellen, dass sie eine gute Bezahlung für die Arbeitszeiten entschädigen kann und knapp 60% sind dafür bereit, auf Urlaubstage zu verzichten.[117]

Abbildung 25: Ergebnis aus Frage 22 des Fragebogens

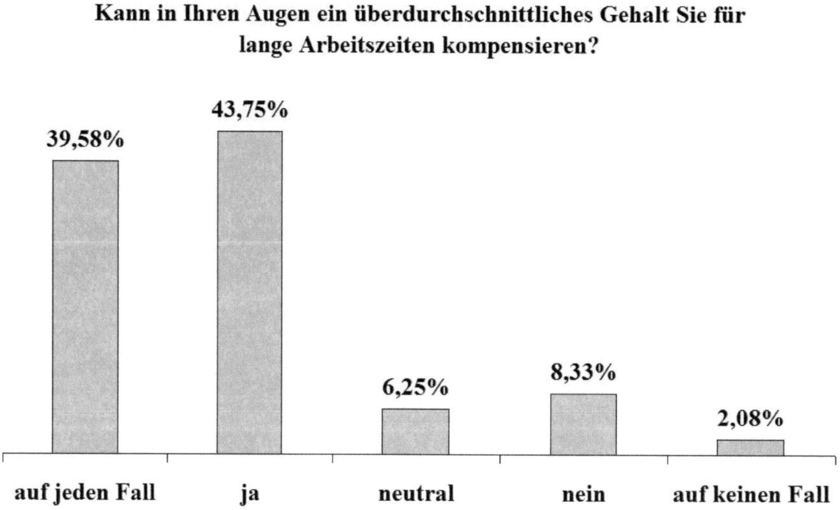

Quelle: eigene Darstellung.

Für nur 16% der Untersuchten ist es wichtig, den allgemeinen Urlaubsanspruch, der im Allgemeinen 20 bis zu 30 Tagen beträgt, in Anspruch nehmen zu können.

---

[117] Vgl. Abb. 21.

Abbildung 26: Ergebnis aus Frage 16 des Fragebogens

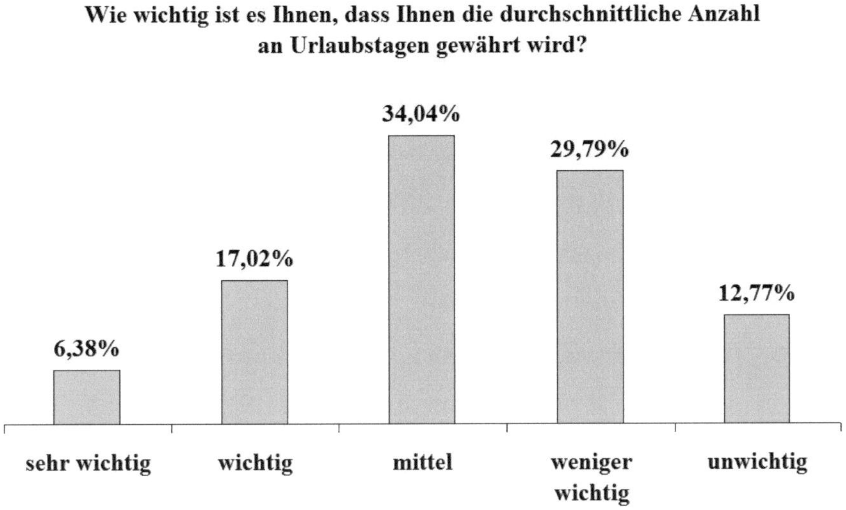

Quelle: eigene Darstellung.

Das Gehalt ist somit nicht nur Existenzgrundlage, sondern wird als Anerkennung von Leistung und Motivator zur Leistung wahrgenommen.[118] Dass gerade im Bereich IB die Gehälter, im Vergleich zu anderen Branchen, besonders hoch ausfallen, liegt nicht zuletzt auch an der leistungsabhängigen Bezahlung. Die Investment Banker erhalten ein Grundgehalt und jährlich einen häufig extrem hoch ausfallenden Bonus, gemessen an den hohen Einnahmen in diesem Geschäftsbereich. Weil es allgemein bekannt ist, dass Investment Banker ein überdurchschnittliches Gehalt beziehen, erwarten auch 73% von ihren zukünftigen Arbeitgebern eine dementsprechend hohe Entlohnung. (siehe Abb. 13) Neben interessanten und erfüllenden Aufgaben, die einen Investment Banker erwarten, wird das überdurchschnittliche Gehalt vom Großteil als einer der attraktivsten Faktoren einer Beschäftigung im IB gewertet.

5.2.4 Perspektiven

Der Trend des lebenslangen Lernens setzt sich immer stärker in den Köpfen der zukünftigen Fach- und Führungskräfte durch, da sie dadurch ihre Employability steigern können und somit an Wert für die Firmen gewinnen.[119] Nach der Deutschen Bank AG ist „eine sichere Erwerbsstelle heute und in der Zukunft abhängig von der unbedingten und stetigen Bereitschaft zur Weiterbildung, zu

[118] Vgl. Zirnsack (2008), S. 54.
[119] Vgl. Speck (2008), S. 312.

Flexibilität und zum Wechsel, den Schlüsselkriterien der individuellen Beschäftigungsfähigkeit (Employability).“[120] Die große Bedeutung des lebenslangen Lernens hat zum einen der demografische Wandel ausgelöst, der es, aufgrund des steigernden Durchschnittsalters, notwendig macht, im Alter nicht auf weitere Bildung zu verzichten, zum anderen der Wandel zur Wissensgesellschaft, der ein regelmäßiges Aktualisieren des Wissens, aufgrund stetigen Wandels in Kommunikations- und Informationstechnologien notwendig macht. **Fort- und Weiterbildungsangebote** fördern das lebenslange Lernen in Unternehmen. Insg. ergab die Befragung, dass ein Anteil von 77% die Möglichkeiten von Fort- und Weiterbildungsmaßnahmen für sehr wichtig halten und 17% für wichtig. Damit hat dieses Entscheidungskriterium in der Umfrage den stärksten Anklang im Bereich „sehr wichtig“ gefunden.

Abbildung 27: Ergebnis aus Frage 24 des Fragebogens

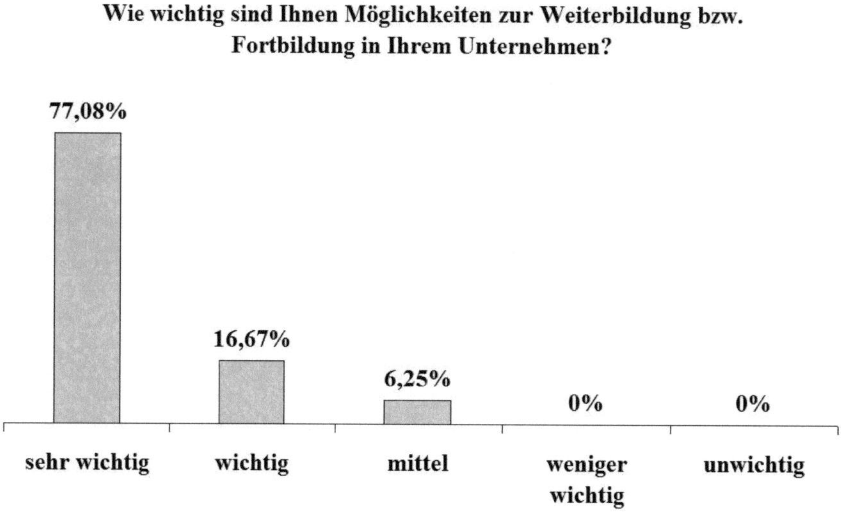

Quelle: eigene Darstellung.

Im Zuge der Globalisierung steigern **Auslandsaufenthalte,** innerhalb des beruflichen Werdeganges, die Attraktivität des Arbeitnehmers aufgrund der Erlangung interkultureller Erfahrungen. Gerade High Potentials sind besonders ambitioniert, diese Erfahrungen zu sammeln und ihre Karriere dadurch zu fördern.[121] So gaben auch 85% aller Befragten an, dass es ihnen sehr bzw. wichtig ist, die Möglichkeit zu haben, im Ausland zu arbeiten.

---

120 Speck (2008), S. 310.
121 Vgl. Petkovic (2008), S. 202.

Abbildung 28: Ergebnis aus Frage 15 des Fragebogens

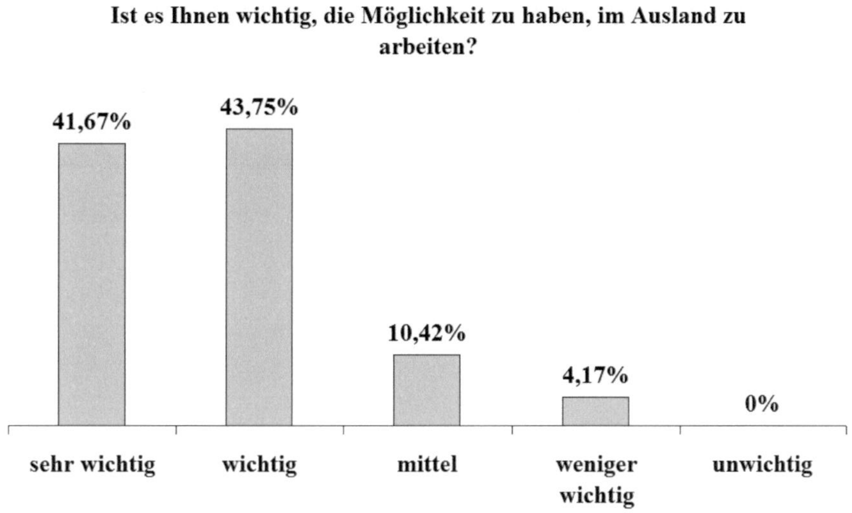

Quelle: eigene Darstellung.

Ein international aufgestelltes Unternehmen verspricht eher, diese Chance zu verwirklichen, da es die Möglichkeiten hat, Mitarbeiter in seinen ausländischen Geschäftsstellen kurzzeitig oder langfristig zu beschäftigen. **Internationalität** bedeutet auch unterschiedliche Kulturen innerhalb eines Unternehmens sowie fremdsprachliche Kommunikation. Eine Bank, die international agiert, wird von 67% ‚auf jeden Fall' präferiert und weitere 29% beantworteten diese Frage mit einem klaren „ja".

Abbildung 29: Ergebnis aus Frage 13 des Fragebogens

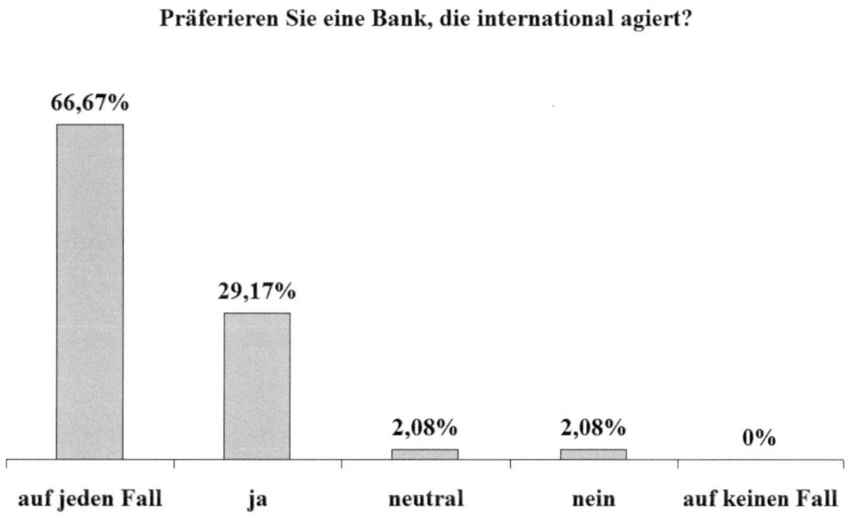

Quelle: eigene Darstellung.

Die Karrierechancen eines Arbeitnehmers erhöhen sich durch die

Entwicklungsmöglichkeiten innerhalb eines Unternehmens, die z.B. durch ein umfangreiches Fortbildungsprogramm oder auch Auslandsaufenthalte generiert werden. Anhand der Ergebnisse der Umfrage ist erkennbar, dass die Aussicht auf eine Karriere für die angehenden Investment Banker eine besonders große Bedeutung hat. Eine zu präferierende Arbeitgebermarke drückt für mehr als 58% der Befragten eher Karrierechancen als Stolz, Macht oder ein gutes Ansehen aus.

Abbildung 30: Ergebnis aus Frage 7 des Fragebogens

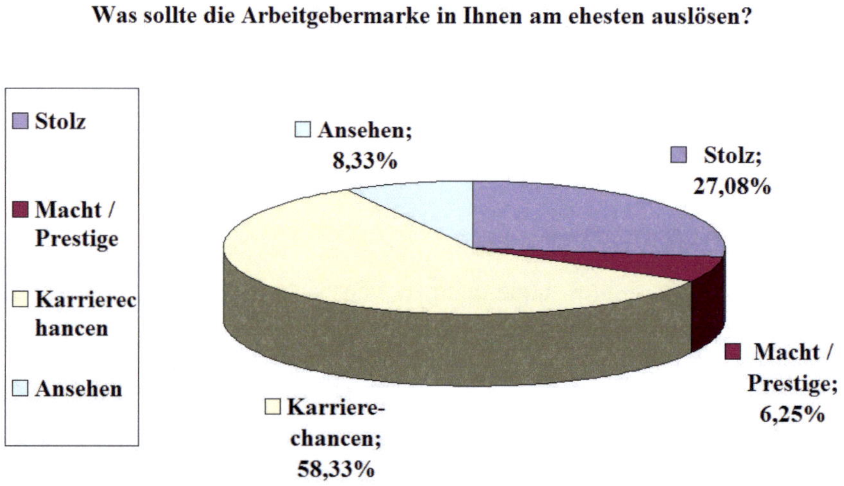

Quelle: eigene Darstellung.

Eine Tätigkeit im IB ist für viele Arbeitnehmer das Sprungbrett zum persönlichen Erfolg. Aufgrund der geforderten Disziplin, der strengen Vorauswahl und der guten Ausbildung in diesem Bereich, haben Investment Banker häufig besonders gute Chancen auf eine Karriere. Für mehr als 60% stellt dieser Punkt eines der positivsten Merkmale einer zukünftigen Tätigkeit im IB dar. (siehe Abb. 13)

5.2.5 Einfluss des Branchen- und Unternehmensimages

Die Arbeitgeberwahl wird durch das Arbeitgeberimage beeinflusst, das sowohl das Image der Branche als auch das Produktimage umfasst.[122] Die Entscheidung für einen Arbeitgeber wird für 29% der angehenden Investment Banker am stärksten von dem Image des Arbeitgebers beeinflusst, im Vergleich zum Markterfolg, der Zukunftsfähigkeit, den Referenzen ehemaliger oder aktueller Mitarbeiter oder dem Wissen, dass das Unternehmen nur die Besten rekrutiert.

---

[122] Vgl. Petkovic (2008), S. 75.

(siehe Abb. 5) Eine hohe Attraktivität der Produkte eines Unternehmens wirkt sich positiv auf die wahrgenommene Attraktivität des Arbeitgebers aus. Während eine Firma, wie z.B. die Daimler AG, sich über ihr Produkt differenzieren kann, ist dies für eine Bank nur schwer möglich. Die Rolle des Branchenimages, die alle Einstellungen zu einem bestimmten Wirtschaftszweig umfasst, wird dadurch bei der Arbeitgeberwahl verstärkt.

Die aktuelle **Finanzkrise** hat das Image der Branche IB stark negativ beeinflusst. Nur noch 31% verbinden mit der Branche IB ein gutes gesellschaftliches Ansehen. Knapp die Hälfte bewertete das Image der Branche als schlecht, während wiederum ein Viertel sich neutral zu der Frage geäußert hat.

Abbildung 31: Ergebnis aus Frage 2 des Fragebogens

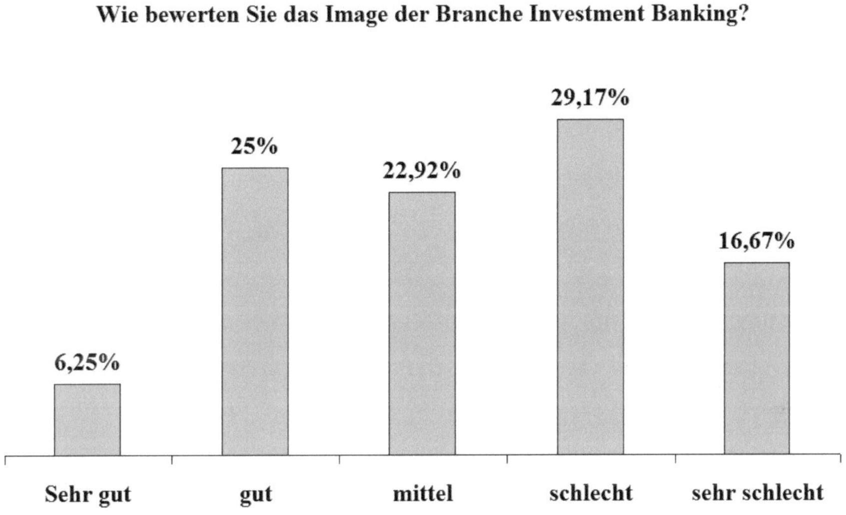

Quelle: eigene Darstellung.

Dennoch können sich 96% vorstellen, angesichts der Finanzkrise, im IB tätig zu sein und gaben an, sich für eine Tätigkeit in diesem Bereich bewerben zu wollen.

Abbildung 32: Ergebnis aus Frage 3 des Fragebogens

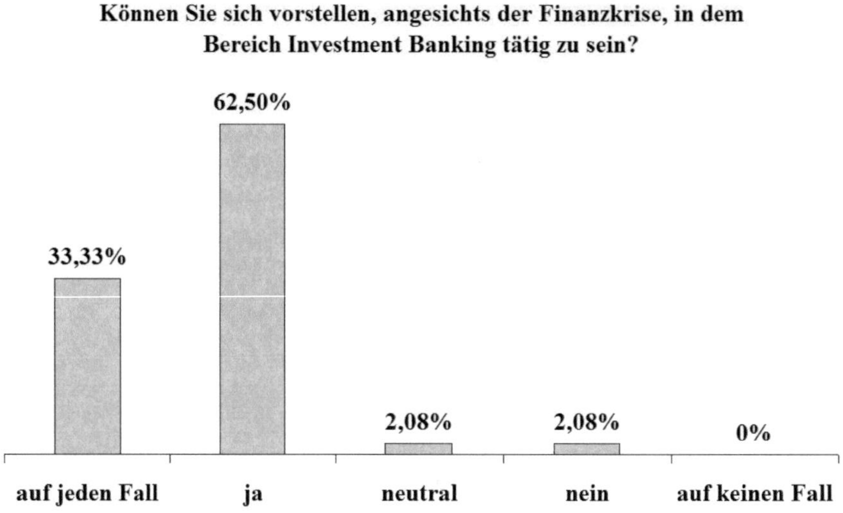

Quelle: eigene Darstellung.

Der durch den demografischen Wandel ausgelöster Mangel an qualifizierten Nachwuchskräften und das, durch die Finanzkrise negativ beeinflusste Image der Branche, führt jedoch mit großer Wahrscheinlichkeit zu einer geringeren Anzahl an eingehenden Bewerbungen und auch zu einem Qualitätsverlust der Bewerber.[123]

5.3 Unterschiede im Vergleich zu branchenübergreifenden Kriterien bei der Arbeitgeberwahl

Die Studie „Employer Branding 2007“ hat ein Pool von High Potentials nach ihren Entscheidungskriterien, hinsichtlich ihrer zukünftigen Arbeitgeberwahl, befragt.[124] Die Ergebnisse sind in der folgenden Abbildung dargestellt:

[123] Vgl. Wiese (2005), S. 27f.
[124] Vgl. Studie: Employer Branding 2007, S. 1.

Abbildung 33: Anforderungen an den idealen Arbeitgeber

Quelle: Studie: Employer Branding 2007, S. 1.

Die Stichprobe umfasste zum größten Teil Wirtschaftswissenschaftler, aber auch Juristen, Ingenieure oder Naturwissenschaftler. Im Gegensatz zu der Stichprobe aus der vorliegenden Arbeit, wurden also Studenten und Absolventen aus den unterschiedlichsten Bereichen mit unterschiedlichen Berufswünschen untersucht.[125] Während die angehenden Investment Banker der Förderung der Mitarbeiter anhand von Weiterbildungsmöglichkeiten die größte Bedeutung zukommen lassen, ist den anderen ein gutes Arbeitsklima am wichtigsten. Herausfordernde Aufgaben werden von beiden Stichproben als äußerst wichtig erachtet, sowie gegebene Entwicklungs- und Aufstiegsmöglichkeiten.

Besonders starke Unterschiede zeigen sich in der Bewertung von sog. Work-Life Balance. Steigende Anforderungen an den Arbeitnehmer und erhöhte Belastung am Arbeitsplatz führten in den letzten Jahren zu einer größeren Aufmerksamkeit für das Thema Work-Life Balance. Viel Stress und lange Arbeitszeiten brachten gesundheitliche Probleme mit sich, und soziale Kontakte waren mit diesem Lebensstil nur schwer vereinbar. Auch aufgrund der erhöhten Anzahl an Frauen

---

[125] Vgl. http://zelos.zeit.de/angebote/employer_branding/Empl._Branding_ Summary_07.pdf, Stand: 26.11.2008.

auf dem Arbeitsmarkt ist der Wunsch an Angeboten zur Vereinbarkeit von Beruf, Karriere und Familie weiter gestiegen.[126] Im IB werden die langen Arbeitszeiten und die häufige Wochenendarbeit durch ein überdurchschnittliches Gehalt kompensiert. Sie werten, im Vergleich zu der Stichprobe aus der Employer Branding Studie, das Gehalt als wesentlich wichtiger ein als die genannten Möglichkeiten zur Balance zwischen Berufs- und Privatleben. Die Studenten, die im IB tätig werden wollen, legen darauf somit nur einen geringen Wert. Nur 40% erachten es für sehr wichtig bzw. wichtig und ein ebenso geringer Anteil wünscht sich von seinem zukünftigen Arbeitgeber mehr Angebote zur Vereinbarkeit, wie zum Beispiel Kinderbetreuung oder flexiblere Arbeitszeiten.

Abbildung 34: Ergebnis aus Frage 11 des Fragebogens

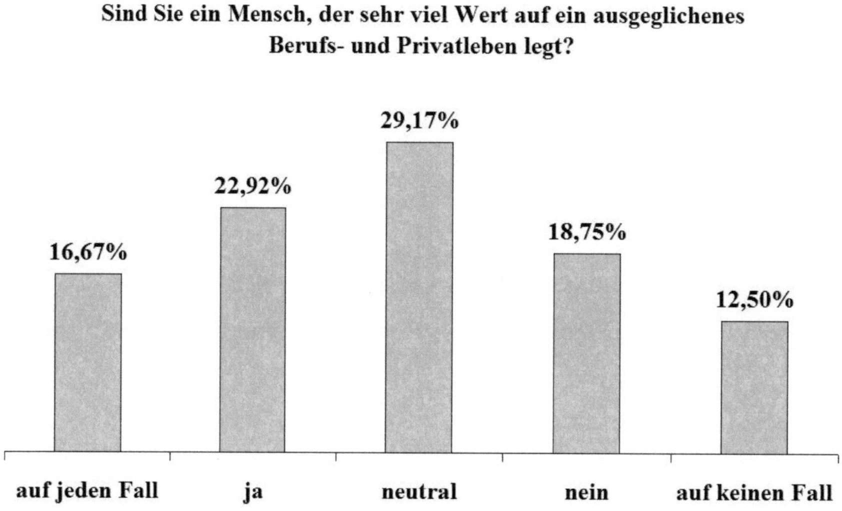

Quelle: eigene Darstellung.

[126] Vgl. Zirnsack (2008), S. 32.

Abbildung 35: Ergebnis aus Frage 12 des Fragebogens

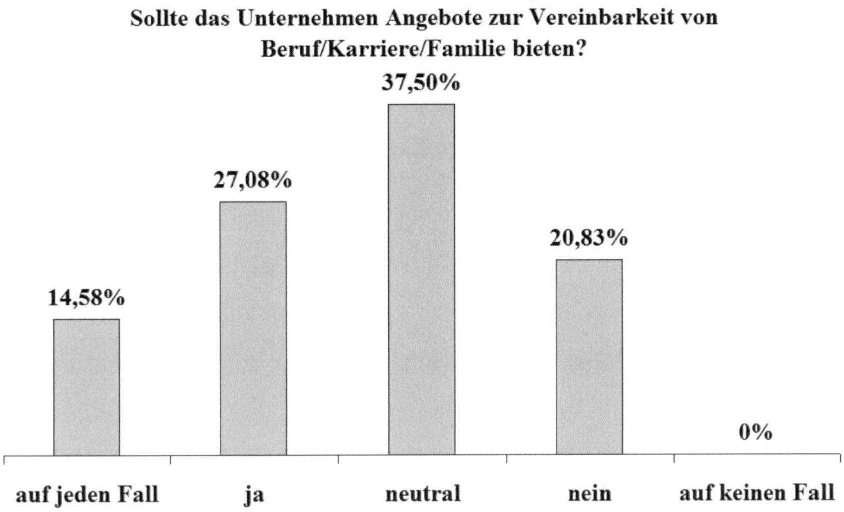

Quelle: eigene Darstellung.

Bei diesen Ergebnissen ist allerdings zu berücksichtigen, dass der Frauenanteil in der Stichprobe nur sehr gering ist, was auch ein Grund für die hohe Neutralität der Antworten sein kann.

Die Internationalität eines Unternehmens ist in der vorliegenden Untersuchung für die angehenden Investment Banker ein wesentlich wichtigerer Faktor als in der anderen Studie. Es spielt für sie bei der Arbeitgeberwahl eine ebenso entscheidende Rolle wie die herausfordernden Aufgaben. Ein Grund dafür ist das verstärkte Karrierebedürfnis der Investment Banker, für die es einer der wichtigsten Faktoren darstellt, weil sie darin die Chance auf Auslandsaufenthalte sowie interkulturelle Zusammenarbeit sehen, was wiederum ihre Karriere fördert.

Eine Garantie des Arbeitsplatzes wünschen sich nur ein Drittel aller angehender Investment Banker. In der generellen Employer Branding Studie bewerten mehr als die Hälfte dieses Entscheidungskriterium als äußerst bzw. sehr wichtig. Die beschriebene „Hire and Fire“ Kultur in der IB Branche lässt eine Sicherheit des Arbeitsplatzes nicht zu. Die Arbeitnehmer, die ins IB wollen, sind sich dessen zum größten Teil bewusst, erachten es aber zu einem Anteil von mehr als 40% als negative Begleiterscheinung einer Tätigkeit im diesem Bereich. (siehe Abb. 20)

6 Analyse der Dynamik der Entscheidungskriterien zwischen angehenden - und berufserfahrenen Investment Bankern

6.1 Erhebungsmethode

Nach einigen Jahren Berufserfahrung können sich die Anspruchskriterien an einen Arbeitgeber verändern. Ziel dieses Abschnittes ist es, einen Eindruck über die Dynamik der Anspruchskriterien aufgrund bereits gesammelter Erfahrung im IB, zu bekommen. Dafür konnten vier Investment Banker interviewt und danach befragt werden, was sie an ihren Unternehmen schätzen und welche Kriterien ihr Arbeitgeber in ihren Augen erfüllen sollte. Es kann sich im Folgenden nicht um repräsentative Ergebnisse handeln, nur um die Ansichten einzelner Investment Banker aus vier unterschiedlichen Banken, die veranschaulichen, wie unterschiedlich sich die Anspruchskriterien durch die berufliche Erfahrung verändern können.

6.2 Auswertung der Interviews im Hinblick auf die Dynamik

Es wurden drei Investment Banker befragt, die zwischen einem bis zwölf Jahren beruflich im IB tätig sind. Sie sind im Durchschnitt 39 Jahre alt. Der vierte befragte Investment Banker, im Alter von 25 Jahren, ist seit einem Jahr in diesem Bereich beschäftigt. Die Befragten arbeiten alle in unterschiedlichen Unternehmen: Morgan Stanley, Bank of Ireland, Nomura (ehem. Lehman Brothers) sowie Carl Kliem GmbH. Im Folgenden werden die Teilnehmer aus Anonymitätsgründen als Typ A, B, C und D bezeichnet.[127] Zur Sicherstellung eines geeigneten Vergleiches mit den Entscheidungskriterien der Studenten und Absolventen, wurden die Fragen an den Fragebogen für die Studenten und Absolventen angepasst und die vorangegange Unterteilung in Unternehmens- und Tätigkeitsmerkmale, Vergütungskennzeichen, Perspektiven und Image bei der Auswertung übernommen. (siehe Anhang 2: vollständiges Interview)

---

[127] Reihenfolge ist zufällig.

6.2.1 Unternehmensmerkmale

Die Identifikation mit der Kultur eines Unternehmens, stellt für drei der befragten Investment Banker eine Grundvoraussetzung für ein ausgeglichenes Arbeitsverhältnis dar, das zum Erfolg jedes Einzelnen und somit zum Unternehmenserfolg beiträgt. Typ B merkte gleichzeitig an, dass „nicht die Kultur der Bank als vielmehr die des Bereichs IB entscheidend ist. Das Unternehmen selbst bietet nur eine Plattform." Es ist somit zu berücksichtigen, dass die Kultur im Bereich IB von den Leitsätzen einer allgemeinen Geschäftsbank abweichen könnte. Ferner sollte sich ein angehender Investment Banker über die Kulturunterschiede in den Bereichen bewusst sein und sich damit identifizieren können. Eine radikalere Meinung wurde von Typ D vertreten, der keinen Wert auf eine Identifizierung mit der Unternehmenskultur legt, sondern eine hohe Bonuszahlung als wichtiger ansieht. Er widerspricht damit nicht nur Typ A, B und C, sondern auch den befragten Studenten, von denen nur 10% eine Identifikation für unwichtig erachten.

Markterfolg und Zukunftsfähigkeit eines Unternehmens spielen entgegen der Meinungen der Studenten für Typ B, C und D keine oder nur eine geringe Rolle. Erfolgreiche Unternehmen bieten zwar bessere Einkommens- und Karrierechancen, dennoch wird die Motivation erheblich aus persönlichen oder aus Teamerfolgen im Unternehmen generiert. Typ A, der erst seit kurzer Zeit im IB tätig ist, spricht, wie die Studenten, dem Markterfolg einer Bank, besonders in der jetzigen Zeit, eine große Rolle zu.

Die Glaubwürdigkeit eines Unternehmens beeinflusst die Wahl eines Arbeitgebers. Ein Großteil der Studenten und Absolventen stimmte diesem Aspekt zu. Typ A, C und D konnten bis zum jetzigen Zeitpunkt keine Diskrepanzen zwischen proklamierten Unternehmensvorzügen und den tatsächlichen feststellen. Typ A betont, dass bei der Arbeitsanforderung stets in allen Vorstellungsgesprächen mit offenen Karten gespielt wurde, während Typ B mit zum Teil erheblichen Diskrepanzen in der Mikroebene des Unternehmens konfrontiert wurde. Die Entscheidung für eine Stelle wurde zwar maßgeblich aufgrund der Bedingungen dieser Stelle, – auf Mikroebene – getroffen, dennoch wurde sie stark von den Vorzügen den Bankunternehmens – auf Makroebene – beeinflusst.

Bei der Frage nach dem Einfluss des Arbeitsklimas auf die Zufriedenheit im Job, vertraten Typ A und C die Meinung, dass das Arbeitsklima wichtig ist, aufgrund der Anzahl an Arbeitsstunden. Sie wären beide bereit, den Arbeitgeber zu wechseln, wenn das Klima nicht stimmig ist. Eine untergeordnete Rolle spielt das Arbeitsklima für Typ B und Typ D, die sich auch für ein schlechtes Arbeitsklima durch entsprechende Bonuszahlungen kompensieren lassen könnten. Die Studenten sehen in dem Arbeitsklima ein wichtiges Kriterium bei der Wahl ihres Arbeitgebers, dennoch ist dieser Punkt nur schwer ohne jegliche Erfahrung im Unternehmen feststellbar.

Die neuen Möglichkeiten im digitalen Zeitalter für Kommunikation, Logistik etc. fördern die Unabhängigkeit von Unternehmen an einen bestimmten Standort. Typ C und D sind somit der Meinung, dass der Standort unwichtig ist und wären auch bereit, ihre Arbeit in unattraktiveren Gebieten, wie Industriegebieten durchzuführen. Sie stimmen somit auch für eine hohe Modernität des Unternehmens, ebenso wie Typ B, der allerdings die Notwendigkeit einer zentralen Lage des Unternehmens aufgrund des schnellen Kontaktes zur „Banking Community" bemerkt. Als mentale Motivation sieht er es als erforderlich an, dass das Unternehmen einen zentralen Standort aufweist sowie auch qualitativ hochwertige Büroflächen. Typ A sieht eine Lage in einer Großstadt als Voraussetzung an. Ebenfalls uneinig sind sich in diesem Punkt die Studenten, zwar stimmten die Hälfte für einen zentralen Standort, dennoch spielt für 40% der Standort des Bankunternehmens keine Rolle.

6.2.2 Tätigkeitsmerkmale

Die herausfordernden Aufgaben stellen für die Studenten ein äußerst wichtiges Anspruchskriterium an ihren Arbeitgeber dar. Alle vier Investment Banker können bestätigen, dass die Aufgaben in dem Bereich IB sie herausfordern und gleichzeitig erfüllen. Typ B merkt an, dass aufgrund der herausfordernden und komplexen Aufgabenstellungen die Lernkurve innerhalb einer Tätigkeit im IB besonders steil verläuft. Auf die Frage, mit welchen Merkmalen sie besonders zufrieden sind in ihrem Beruf, antworteten Typ A, B und D mit herausfordernden Aufgaben. Typ C wollte sich nicht festlegen. Auch das selbstständige Arbeiten, das von dem Großteil der Studenten gewünscht wird, wird im IB nach Typ A

„nicht nur gefordert, sondern vorausgesetzt.“, was alle anderen drei bestätigen. Flache Hierarchien in einem Unternehmen werden von Typ B, C sowie D als positives Merkmal eines Arbeitgebers gewertet. Typ A ist in diesem Punkt indifferent, aufgrund der nur kurzen Berufserfahrung. Daraus könnte man schließen, dass die von den befragten Studenten zugewiesene geringe Bedeutung auf die nicht vorhandene oder nur innerhalb von Praktika gewonnene berufliche Erfahrung zurückzuführen ist. Ein negatives Ergebnis flacher Hierarchien fügt Typ B an, der festgestellt hat, dass flache Hierarchien, hinsichtlich Karriere oder Stellenauswahl, die Entwicklungsmöglichkeiten reduzieren können.

„Eine offene Kommunikation und kurze Wege sind effizienter.“ In dieser Meinung wird Typ A von Typ C sowie Typ D bestätigt. Sie betonen, dass gerade in ihrem Geschäft die offene Kommunikation eine Voraussetzung für erfolgreiche Teamarbeit und Leitfähigkeit darstellt. Typ C bemerkt allerdings: „Beim Generieren von Informationen und Problemlösungen ist eine offene Kommunikation sehr hilfreich. Demgegenüber ist im IB stets der Umgang mit vertraulichen Informationen zu beachten. Des Weiteren ist eine zu offene Kommunikation nicht immer hilfreich für die eigene Karriere.“ Die Studenten stimmten in der Mehrheit für ein offenes Kommunizieren im Arbeitsalltag.

Nach Meinung der vier Investment Banker sollten die 10% der befragten Studenten, die internen Wettbewerb für abschreckend halten, eine Tätigkeit im Bereich IB nicht anstreben. Sie sind sich einig, dass ein starker interner Wettbewerb in der Branche zum Alltag gehört. Sie sehen den internen Leistungswettbewerb aber auch als einen Erfolgsfaktor für Spitzenleistungen an.

Ebenso wie die Studenten, beurteilen die befragten Investment Banker die eingeschränkte Lebensqualität, in Form von beschränkten sozialen Kontakten, durch hohen Arbeitseinsatz, als besonders negativ. Gerade am Anfang der Karriere eines Investment Bankers kann der Urlaubsanspruch nur selten vollständig in Anspruch genommen werden. Alle vier sehen darin dennoch, aufgrund der hohen Vergütung kein Problem. Typ B gab dagegen allerdings auch seiner Befürchtung Ausdruck, dass mittelfristig die Gesundheit, durch zu kurz kommende Erholung bei gleichzeitig hoher Belastung, beeinträchtigt werden könne.

Mehr Balance zwischen Beruf und Privatleben würden sich alle vier Befragten wünschen, dennoch geben sie sich mit der jetzigen Situation zufrieden. Typ B hält es für eine gute Strategie des Arbeitgebers, die Wochenendarbeit zu begrenzen sowie den arbeitsrechtlich gebotenen Erholungsurlaub einzuräumen, um die Gesundheit, sowie das soziale Leben der Angestellten auch mittelfristig zu erhalten. Damit vertritt er die Meinung von einem Drittel aller Studenten, die auch für mehr Angebote zur Vereinbarkeit von Familie und Karriere stimmen würden. Typ A, C und D sind davon überzeugt, dass dieser geforderte Ausgleich nicht vereinbar ist mit dem Anforderungsprofil und der Arbeitskultur, die strikte Zeitpläne, hohe Qualitätsansprüche und Effizienz beinhalten.

6.2.3 Vergütungsmerkmale

Das gesamte Gehaltspaket, das den befragten Investment Bankern zur Verfügung gestellt wird, ist für alle ausreichend und sehr zufrieden stellend. Ein erheblicher Teil der Vergütung ist der Bonus, der auf den Erfolg des Arbeitnehmers bezogen und damit sehr variabel ist. Typ C äußert sich zu diesem Punkt treffend mit dem Satz: „Wer nichts leistet bekommt auch nichts. Fleiß hat seinen Preis." Typ A sieht das überdurchschnittliche Gehalt als eine Kompensation für lange Arbeitszeiten. Auch Typ B erwartet ein hohes Gehalt von seinem Arbeitgeber und bezeichnet es als „Schmerzensgeld" für den geleisteten Arbeitseinsatz aber auch als den entscheidenden Leistungstreiber. Jeder der Befragten ist sich einig, dass sie nicht bereit wären, ihren Job für ein geringeres Gehalt auszuführen. Auch die relativ unerfahrenen Studenten legten auf eine überdurchschnittliche Bezahlung einen großen Wert.

6.2.4 Perspektiven

Eine permanente Weiterbildung sehen Typ A, B und C als notwendig an, um den persönlichen Marktwert zu erhalten. Sie sind sich einig, dass ein ausreichendes Angebot an Fort- und Weiterbildungsmaßnahmen die Attraktivität ihres Arbeitgebers steigert. Damit geben die Investment Banker dem lebenslangen Lernen die gleiche Bedeutung wie die Studenten aus der vorliegenden Studie. Eine abweichende Meinung hat Typ D, der auch gänzlich auf jegliche Trainings zur Personalentwicklung verzichten könnte.

Die befragten Studenten bewerten die Internationalität als ein äußerst wichtiges zu erfüllendes Kriterium. Alle vier Investment Banker sind sich einig, dass die

Internationalität eines Bankunternehmens für das IB eine notwendige Voraussetzung ist, aufgrund der Zusammenarbeit mit internationalen Kollegen und dem Geschäft mit global agierenden Unternehmen. Sie schätzen besonders die Möglichkeiten im Ausland tätig zu sein, da es, wie auch Typ A überzeugt argumentiert, „fachlich und persönlich eine Bereicherung“ darstellt. Typ C bestätigt auch, dass die Beweglichkeit eines Arbeitnehmers in der heutigen Zeit immer wichtiger wird. Ein Punkt, den 80% der befragten Studenten, aufgrund ihrer hohen Bereitschaft zur Flexibilität, aufweisen können.

Eine Garantie des Arbeitsplatzes verbinden die befragten Investment Banker mit hohen Kosten für das Unternehmen und zukünftigen Einschränkungen. Ein Grund dafür, dass sie nicht für Garantien plädieren oder für eine Verstaatlichung der Banken stimmen. Typ B äußerte sich zu diesem Thema folgendermaßen: „In den vergangenen Jahren war eine höhere Arbeitsplatzgarantie kein großes Thema, da das Jobverlustrisiko faktisch im Gehalt eingepreist war. Auch wenn in der derzeitigen Situation staatliche Garantien helfen, den Markt zu stützen, ist es aus meiner Sicht nicht Aufgabe des Staates, Investmentbanken zu besitzen. Auch bei Landesbanken fand in der Vergangenheit erheblicher Jobabbau statt, weshalb staatliche oder faktisch staatliche Banken keine Arbeitsplatzgaranten sind.“ Die befragten Studenten lehnen nur zu 33% höhere Garantien in diesem Bereich ab, aber auch nur 33% stimmen dafür, der Rest steht diesem Thema neutral gegenüber.

Abbildung 36: Ergebnis aus Frage 10 (1.) des Fragebogens

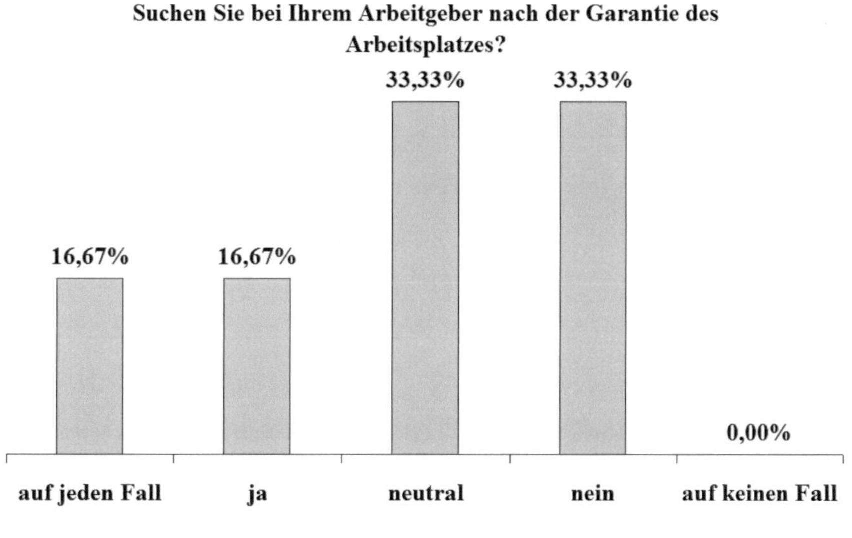

Quelle: eigene Darstellung.

Aufgrund der Aktualität dieses Themas äußert sich der Großteil der Studenten indifferent, da die tatsächlichen Auswirkungen einer stärkeren staatlichen Kontrolle zu dem Zeitpunkt der Befragung noch nicht absehbar waren.

6.2.5 Einfluss des Branchen- und Unternehmensimages

Im Arbeitsalltag hat das Image des Unternehmens in den Augen von Typ C und D keine Auswirkung auf die Attraktivität ihres Arbeitgebers. Hohe Bonuszahlungen oder ihr persönliches Image sind ihnen erheblich wichtiger. Typ A und B schätzen die Vorteile eines Arbeitgebers mit gutem Image besonders in schwierigen Situationen. Das Image unterstützt in gewissem Maße das Geschäft und die Einstellung der Mandaten zum Unternehmen. Typ B ist überzeugt, dass ein gutes Image des Unternehmens gleichzeitig zu der persönlichen Arbeitsmotivation beiträgt. Beide sehen sie aber das Image als besonders kritischen Faktor bei der Arbeitgeberwahl, da es „zur Erwartungsbildung hinsichtlich der Karriereaussichten positiv beiträgt." Damit bestätigen sie nur einen Teil der Studenten, die bei ihrem Unternehmen nach einem guten Image suchen, wobei der Großteil den größeren Wert auf die Zukunftsfähigkeit legt. (siehe Abb. 7)
Die vier Investment Banker stimmen den Studenten zu, dass das Image der Branche sich deutlich verschlechtert hat. Typ D ist der Meinung, dass „die Branche IB noch nie von der Bevölkerung hoch angesehen war. Da aber nun die, durch die Banken, verursachte Krise auch den ‚kleinen Mann' getroffen hat, leidet das Image noch mehr. Vorher waren es nur die hohen Managergehälter, über die sich beklagt wurde." Dennoch können sich Typ A, C und D angesichts der Finanzkrise nicht vorstellen die Branche zu wechseln. Zum einen weil sie überzeugt sind, dass auf diese Krisenzeit wieder ein Hoch folgt, zum anderen sehen sie Schwierigkeiten darin, einen neuen Job in einer anderen Branche zu finden, in der sie keine Erfahrungen vorweisen können. Typ B ist gegenüber der Finanzkrise besonders pessimistisch eingestellt und würde den Studenten abraten, sich im Bereich des IB zu bewerben. Ein Branchenwechsel ist in seinen Augen nicht nur eine Empfehlung, sondern eventuell eine notwendige Umorientierung, da sich das Geschäftsvolumen signifikant reduziert hat und nur noch vereinzelt reine Investment Banken in der Finanzwelt existieren.

7 Ansatzpunkte zur Entwicklung einer Employer Branding Strategie

7.1 Übersicht des Strategiemodells

Die Ergebnisse aus der Auswertung des Fragebogens sowie die gewonnenen Erkenntnisse aus den Interviews bilden die Grundlage für die Ansatzpunkte zur Entwicklung einer Employer Branding Strategie. Die Entwicklung wird im Folgenden in die Teilschritte untergliedert: Analysephase, Zielsetzung, Strategie- und Konzeptionsphase, Verwirklichung der Konzeption und Kontrolle. Eine Übersicht liefert die nachfolgende Abbildung:

Abbildung 37: Strategiemodell

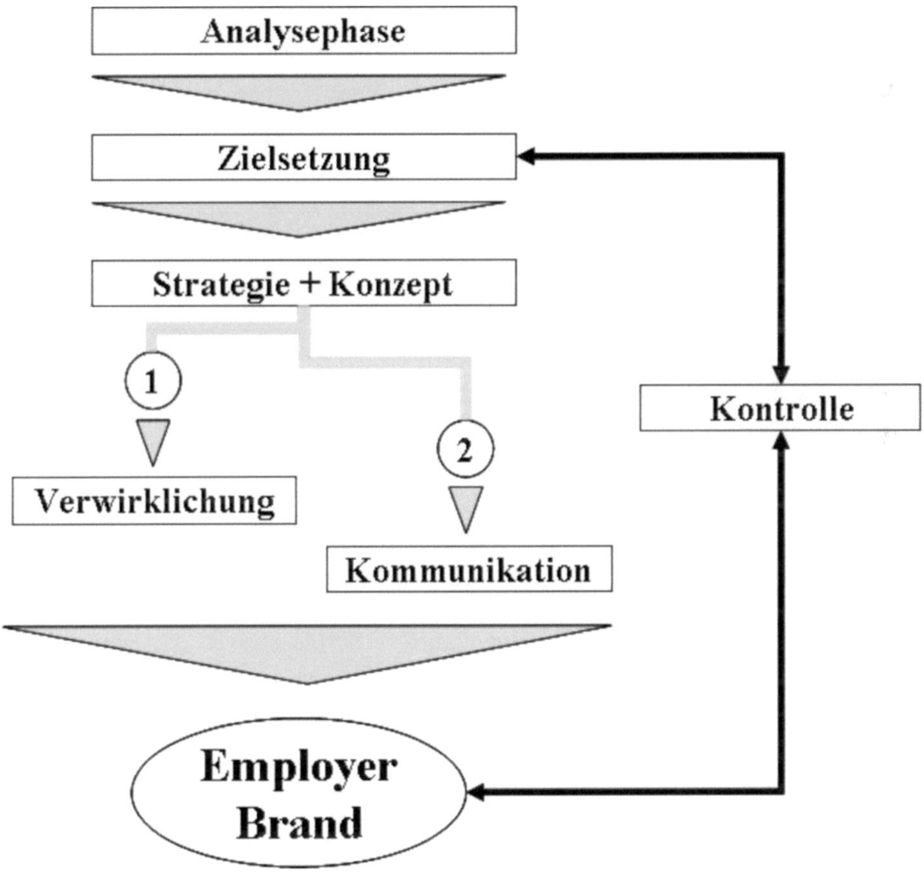

Quelle: Eigene Darstellung.

7.2 Analysephase

Im ersten Schritt der Analyse wird die **Zielgruppe** ermittelt, die das Unternehmen mit einer Employer Branding Strategie erreichen möchte. Im Allgemeinen werden zwei Gruppen angesprochen: Zum einen die potenziellen Bewerber auf dem Arbeitsmarkt und zum anderen die aktuellen Mitarbeiter im Unternehmen. Die Segmentierungskriterien zur Konkretisierung der Zielgruppe können räumlich-geografische (interner oder externer Arbeitsmarkt, Inland oder Ausland), soziodemographische (Alter, Geschlecht und Nationalität), zeitliche (Vollzeit oder Teilzeit) sowie qualifikationsorientierte Segmentierungskriterien sein.[128]

Ziel dieser Arbeit ist es, Ansatzspunkte für eine Employer Branding Strategie zu identifizieren, die sich auf die an IB interessierte Studenten bzw. Absolventen bezieht. Das Profil eines Bewerbers, das in der Branche IB gesucht wird und durch das Employer Brand gezielt angesprochen werden soll, wurde bereits im Abschnitt 3.2 dieser Arbeit zugrunde gelegt. Zum Aufbau des Vertrauens der Kunden und des Staates müssen in dem Bereich IB neben geschäftlichen Änderungen auch die Mitarbeiterkultur in Betracht gezogen werden. Die Banker haben selbst einen Großteil der Krise zu verantworten. Deshalb ist genau zu überlegen, ob sich die Zielgruppe derjenigen verändern sollte, die die Personalauswahl treffen.

Im zweiten Schritt gilt es, die **Anforderungen geeigneter Kandidaten** und derzeitiger Mitarbeiter herauszufinden, um eine potenzielle Positionierung des Employer Brand zu erhalten. In Kapitel 5 wurden die Entscheidungskriterien bei der Arbeitgeberwahl einer geeigneten Zielgruppe, anhand von Befragungen, herausgestellt. Die Interviews in Kapitel 6 geben einen Eindruck, wie Angestellte diese Faktoren bewerten. Eventuelle Differenzen zwischen den Anspruchskriterien beider Gruppen wurden aufgedeckt sowie ein Ausblick darüber gewonnen, was sie sich von ihren Arbeitgebern wünschen.

Der dritte Schritt in dieser Phase ist eine umfangreiche **Zustandsanalyse des Unternehmens**, anhand derer das aktuelle Profil in den Augen der Zielgruppe sowie der derzeitigen Mitarbeiter ermittelt wird. Die Untersuchung erfolgt mittels direkten oder indirekten Befragungen der externen Zielgruppe. Intern werden

---

[128] Vgl. Wiese (2005), S. 42.

umfangreiche Mitarbeiterbefragungen durchgeführt, mit dem Ziel, ein Verständnis für die Kritik der Arbeitnehmer zu entwickeln, um Schwachstellen des Arbeitgebers zu identifizieren.[129] Neben der Selbstanalyse sollte ebenfalls eine Wettbewerbsanalyse erfolgen. Eine Arbeitgebermarke sollte polarisieren, um erfolgreich die geeigneten Kandidaten zu gewinnen.[130] Auf Arbeitgebermessen oder anhand der Analyse der Karriereseiten der Konkurrenten kann beobachtet werden, welche Leistungen diese als Arbeitgeber versprechen, wobei Positionierungslücken identifiziert werden können. Ziel einer Wettbewerbsanalyse ist die Erforschung der eigenen Position am Arbeitsmarkt gegenüber den Konkurrenten.[131] Anhand dieser Untersuchungen werden die Stärken und Schwächen identifiziert, die im weiteren Verlauf ausgebaut oder eliminiert werden sollen.[132]

Die Zustands- oder Wettbewerbsanalyse kann entweder eigenhändig oder durch externe Unternehmen durchgeführt werden. Umfragen wie „Der beste Arbeitgeber“, organisiert von der Deutschen Employer Branding Akademie oder die Studie „Deutschlands Beste Arbeitgeber“, ausgeführt von dem Great Place to Work Institut, werden immer populärer und zahlreicher. Innerhalb dieser Studien werden Mitarbeiter anonym zu ihren Arbeitsbedingungen und ihrer Zufriedenheit mit ihrem Arbeitgeber befragt oder es werden die Vorstellungen eines idealen Arbeitgebers potenzieller Arbeitnehmer identifiziert. Die Befragung der vorliegenden Studie nach dem beliebtesten Arbeitgeber ergab auf dem ersten Platz Goldman & Sachs. Die Deutsche Bank belegte den zweiten und Morgen Stanley den dritten Platz.

---

[129] Vgl. Barrow/Mosley (2006), S. 117.
[130] Vgl. Schuhmacher/Geschwill (2009), S. 38.
[131] Vgl. Petkovic (2008), S. 184.
[132] Vgl. Wiese (2005), S. 47.

Abbildung 38: Ergebnis aus Frage 29 des Fragebogens:

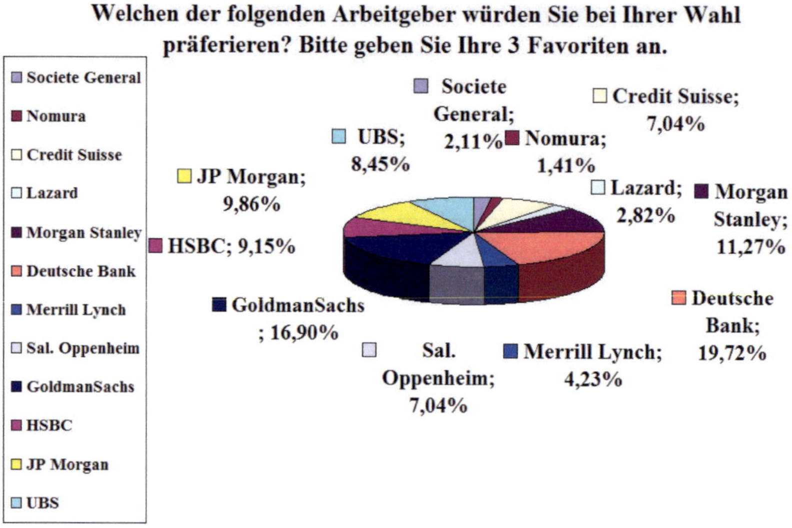

Quelle: eigene Darstellung.

Die genannten Gründe für die große Beliebtheit der einstigen reinen Investment Bank Goldman & Sachs sind zum einen der Wechsel zu einer Universalbank und das Überleben der Finanzkrise. Gleichzeitig gilt die Bank als Branchenprimus. Für einige steht der Name nicht nur für Erfolg, sondern auch für Qualität. Die Deutsche Bank ist sicher und breit aufgestellt. Sie verfügt über eine sehr gute Reputation besonders im Bereich IB. Die Studenten und Absolventen schätzen ihr gutes Image und sind überzeugt von ihrer Zukunftsfähigkeit. Morgan Stanley genießt den Ruf einer sehr angesehen Bank, die auch in der Finanzkrise eine starke Performance zeigt. An den Ergebnissen erkennt man, dass die Studenten sich hauptsächlich auf die Reputation eines Unternehmens bei der Wahl des beliebtesten Arbeitgebers beziehen.

7.3 Zielsetzung

Zum Employer Branding Prozess zählen alle Maßnahmen, die die Arbeitgeberattraktivität in den Augen der potenziellen und aktuellen Mitarbeiter stärken.[133] Ein hoher Attraktivitätsgrad fördert die langfristige Bindung der Mitarbeiter und Gewinnung passender Kandidaten für vakante Stellen in Zeiten geringen Angebots an Arbeitskräften.[134] Das Ziel ist die Positionierung als

[133] Vgl. Wiese (2005), S. 31.
[134] Vgl. Wiese (2005), S. 48.

Employer of Choice am Arbeitsmarkt zur Gewinnung der High Potentials und zur Stärkung des Erfolgsfaktors ‚Humankapital' innerhalb des Unternehmens.

7.4 Strategie- und Konzeptionsphase

In der **Strategiephase** wird eine generelle Richtlinie für das Unternehmen festgelegt. Das bedeutet, dass aufbauend auf der „brand reality"[135], dem sog. aktuellen Wahrnehmungsbild des Unternehmens, den Bedürfnissen der definierten Zielgruppe und der Wettbewerbsanalyse, die „brand vision"[136] formuliert wird, die zur Erreichung des in der vorherigen Phase gesetzten Zieles notwendig ist. Eine „brand vision" wird in den Leitsätzen eines Unternehmens formuliert.[137] Die Ergebnisse der Befragung zeigen, dass eine Bank, die die Mitarbeiter fördert und ihnen Karrierechancen international sowie national bieten kann, bevorzugt wird. Die Bank kann somit z.B. die Strategie verfolgen, sich am Markt als besonders anspruchsvolle Bank zu positionieren, die großen Wert auf Leistungsfähigkeit legt und gleichzeitig die besten Karrierechancen bietet. Besonders wichtig ist es, darauf zu achten, dass die Arbeitgebermarke mit der Identität des Unternehmens konform ist.

Innerhalb der **Konzeptionsphase** wird die Strategie detailliert. Es werden konkrete konzeptionelle Maßnahmen eruiert und bestimmt, die die Position des Unternehmens am Arbeitsmarkt, auch von Michaels/Handfield-Jones/Axelrod (2001) als Employer Value Proposition bezeichnet, verbessern soll.[138]

Bezogen auf die *Unternehmensmerkmale* ist es von großer Bedeutung, dass die derzeitigen Mitarbeiter sowie die potenziellen Mitarbeiter sich mit den Leitsätzen identifizieren können. Dabei ist zu beachten, dass diese polarisieren müssen, d.h., dass sie so formuliert werden, dass ein unverwechselbares Wahrnehmungsbild des Arbeitgebers in Bezug auf die Wettbewerber und mit Beachtung der Bedürfnisse der Zielgruppe, entsteht. Die Glaubwürdigkeit der zu kommunizierenden Maßnahmen wird durch das Commitment der Mitarbeiter gestärkt. Es gilt also, die Führungskräfte in die Strategie mit einzubeziehen, sie zu schulen oder am Erfolg des Gesamtunternehmens zu beteiligen, dass sie die entsprechenden Werte

---

135 ‚brand reality' bedeutet in diesem Zusammenhang ‚Zustandsbericht des Unternehmens'.
136 ‚brand vision' bedeutet in diesem Zusammenhang ‚Zielsystem'.
137 Vgl. Barrow/Mosley (2005), S. 109.
138 Vgl. Petkovic (2008), S. 191.

und Normen ihren Mitarbeitern vorleben.
Eine zentral gelegene Bank wird von mehr als der Hälfte aller Befragten bevorzugt. Eine Bank, die einen Standort außerhalb hat, sollte Vorteile eruieren oder diesen Schwachpunkt durch andere Stärken kompensieren können. Eine moderne Einrichtung ist im Bereich IB die Norm, ferner sollte kontinuierlich in den Standard investiert werden.
Die Merkmale einer *Tätigkeit* innerhalb des Unternehmens haben einen hohen Einfluss auf die Arbeitgeberwahl. Die Funktionsbeschreibung der Mitarbeiter im IB sollten, unabhängig von dem Grad der Berufserfahrung, vielfältig und herausfordernd gestaltet werden. Einem Mitarbeiter, der über einen langen Zeitraum in einem Unternehmen beschäftigt ist, kann z.B. durch Jobrotation Abwechslung geboten werden und er kann seine Erfahrungen und Fachkenntnisse erweitern und vertiefen. Der Arbeitnehmer wechselt dabei systematisch seinen Arbeitsplatz oder seinen Aufgabenbereich. Ein erhöhtes Maß an Selbstständigkeit und die tägliche Herausforderung des Arbeitnehmers werden den Ansprüchen der Befragten gerecht. Das HRM muss die Arbeitnehmer nicht zur Leistung motivieren, sondern die Leistung von ihnen abverlangen. Es ist zu empfehlen, den ausgezahlten Bonus nicht allein abhängig von dem Unternehmensgewinn und der Einzelleistung zu machen, sondern auch abhängig vom Teamerfolg. Ein funktionierendes soziales Netzwerk in einem Unternehmen fördert nicht nur die Wissensweitergabe, sondern trägt auch signifikant zu der Arbeitgeberattraktivität bei. Die Kooperationsbereitschaft wird zum einen durch ein gutes Betriebsklima gefördert, das das Vertrauen stärkt, zum anderen durch die Führungskräfte, die, als eine Art Vorbild, offen mit ihren Mitarbeitern kommunizieren, sie dadurch z.B. auch in Entscheidungen integrieren, aber auch durch offene Büroräume, die spontanen Austausch möglich machen.
Die High Potentials aus der Befragung legen ebenfalls einen großen Wert auf eine *Vergütung*, die ihren Anstrengungen gerecht wird. Ein Großteil sieht das Gehalt als Kompensation für überdurchschnittliche Arbeitszeiten oder weniger Freizeit. Auch die interviewten Investment Banker würden ihre Tätigkeit nicht für ein geringeres Gehalt durchführen. Eine leistungsabhängige und gute Bezahlung sollte somit den Mitarbeitern im IB in Aussicht gestellt werden.
Besonderes Augenmerk ist darauf zu legen, welche *Perspektiven* das Unternehmen seinen Mitarbeiter bietet. Einem High Potential müssen

Zukunftsperspektiven aufgezeigt werden, die ihn für eine Mitarbeit im Unternehmen begeistern und ihn langfristig an das Unternehmen binden. Ziel des Unternehmens sollte es somit sein, die Form des lebenslangen Lernens durch z.B. ein ausgiebiges Angebot an Fort- und Weiterbildungsmaßnahmen zu fördern, um so den Ansprüchen der Befragten gerecht zu werden. Es sollten Auslandsprogramme für Young Professionals gewährleistet werden können und zur Demonstration der Internationalität die englische Sprache stärker in den Vordergrund gestellt werden.

Das *Image* des Unternehmens hängt stark von der Kommunikation eines und über ein Unternehmen ab. Ein glaubwürdiges Arbeitgeberimage aufzubauen, ist ein langfristiger Prozess, der sich sowohl nach außen als auch nach innen richten muss. Das Branchenimage ist von einem Unternehmen selbst nur indirekt oder nicht beeinflussbar. Innerhalb der aktuellen Finanzkrise werden die Unternehmen bevorzugt, die eine gewisse Sicherheit aufweisen, die Krise zu überstehen. Das angeschlagene Image kann nur durch generelle Stärken der Branche, wie z.B. durch die hohe Förderung der Mitarbeiter, ausgeglichen werden.

Nachdem konkrete Maßnahmen festegelegt wurden, wird die Verfügbarkeit der nötigen Ressourcen zur Umsetzung der Employer Branding Strategie festgelegt, sowie die Aufgaben an die jeweiligen Abteilungen im Unternehmen aufgeteilt.[139] Ein erfolgsversprechendes Employer Branding wird durch die Zusammenarbeit von Personal-, Marketing- und PR-Abteilung erreicht.[140]

7.5 Verwirklichung der Konzeption im Unternehmen

In dieser Phase beginnt die eigentliche Implementierung der Arbeitgebermarke. Die Identität des Arbeitgebers sollte der Sollidentität, die in Abhängigkeit der Zielgruppe, der Konkurrenz und des Unternehmens selbst entwickelt wurde, entsprechen. Die Gestaltung der Arbeitgebermarke ist ein langfristiger Prozess, in dem die identifizierten attraktivitätssteigernden Faktoren erkennbar gemacht werden. Die Veränderungen oder der zu vollziehende Wandel kann mit Unterstützung des Change Managements durchführt werden.[141] Bevor die

---

[139] Vgl. Schuhmacher/Geschwill (2009), S. 37.
[140] Vgl. Koch (2007), S. 70.
[141] Vgl. http:/www.faz.net/S/RubF4C315CBC87496AB9894372DO14B9BD/DOC~E03209E5FB8FC43E7B71AF7498FC795A4~ATpl~sconten.html, Stand: 23.09.2008:

Arbeitgebermarke kommuniziert wird, ist es von großer Bedeutung, dass die Implikation bereits vollständig vollzogen ist, um zu verhindern, dass das Unternehmen an Glaubwürdigkeit verliert, wenn die Erwartungen der eingestellten Arbeitnehmer in der Realität nicht eintreffen.[142]

7.6 Kommunikation des Employer Brand

Eine der wichtigsten Vorraussetzung für den Erfolg der Strategie im Wettbewerb um neue Arbeitskräfte ist die Bekanntheit des Unternehmens. Der Name sollte der externen Zielgruppe ein Begriff sein, sonst bleibt jeder weitere Akt ohne Erfolg.[143] Häufig basiert die empfundene Attraktivität eines Unternehmens allein auf seinem Bekanntheitsgrad. Ein Arbeitgeber kann somit nur aus Unkenntnis als unattraktiv beurteilt werden.[144] Die Kommunikation der Leitsätze und Kompetenzen eines Arbeitgebers ist eine notwendige Maßnahme zur erfolgreichen Durchsetzung eines Employer Brand. Ihr Ziel ist die Schaffung einer Unique-Communication-Proposition, die eine einzigartige Wettbewerbsposition am Arbeitsmarkt schafft. Kenntnisse über die Anforderungen und Bedürfnisse der Bewerber und Mitarbeiter ermöglicht die Entwicklung von geeigneten Botschaften, die zu einer Bewerbung motivieren sowie das Commitment der bereits eingestellten Mitarbeiter erhöhen. In einer Employer Communications Strategie werden die zu kommunizierenden Botschaften und ein Zeitplan zur Anwendung der Maßnahmen festgelegt sowie der Sprecher der Unternehmensmarke gewählt.[145] Es eignen sich verschiedene Kommunikationsinstrumente zur Gestaltung der Strategie, die in der folgenden Abbildung aufgelistet sind:

Change Management wird beschrieben als „in einer für das Unternehmen veränderungsnotwendigen Situation einen Erfolgsweg aufzuzeigen und diesen mit Hilfe gezielter Maßnahmen gemeinsam mit den Mitarbeitern zu beschreiten."

[142] Vgl. Wiese (2005), S. 96f.

[143] Vgl. Beck (2008), S. 35.

[144] Vgl. Petkovic (2008), S. 106.

[145] Vgl. Laux (2008), S. 31f.

Abbildung 39: Kommunikationsinstrumente für Employer Branding

Kommunikationsrichtung		Massenkommunikation	Persönliche Kommunikation
	intern	• Mitarbeiterzeitschrift • Intranet • E-Mails	• Mitarbeitergespräche • E-Mails (persönlich) • Verhalten des Vorgesetzten
	extern	• Internet • Recruiting-/ Imagebroschüren • Image-Werbung in Zeitschriften	• Praktikum • Workshops • Seminare oder Vorträge

Kommunikationsart

Quelle: Wiese (2008), S. 64.

Eine Kommunikations-Strategie sollte immer über beide Richtungen erfolgen, sowohl extern als auch intern, da die Mitarbeiter als sog. „Markenbotschafter" agieren. Können sich die Mitarbeiter mit den Zielen und Werten des Unternehmens identifizieren, werden sie die Arbeitgeberqualität nach außen kommunizieren und somit als Multiplikatoren der Werbebotschaft wirken.[146]
Das Arbeitgeberimage wird maßgeblich durch externe Kommunikation des Unternehmens beeinflusst. Wie erfolgreich eine nach außen gerichtete Werbemaßnahme ist, hängt von dem Involvement der Zielgruppe ab, d.h. davon, wie stark das Informationsbedürfnis der potenziellen Mitarbeiter im Hinblick auf die Arbeitgeberwahl ist und wie gut es befriedigt wird.[147]
In der Low-Involvement-Phase befinden sich z.B. Studenten noch am Anfang ihres Studiums und schenken der Markenkommunikation der Unternehmen noch wenig Aufmerksamkeit. Dennoch sollte man eine gewisse Vorprägung und gefühlsmäßige Eindrücke, die die spätere Arbeitgeberwahl beeinflussen, nicht unterschätzen. Mit der High-Involvement-Phase bezeichnet man die Bewerbungsphase eines Studenten. Die Wahrnehmung geeigneter Arbeitgeber richtet sich dabei nach der eigenen Identitätssuche und den persönlich ansprechenden Werbemaßnahmen eines Unternehmens.[148]
Wie in der Abb. 38 dargestellt, kann ein Unternehmen bei der internen oder externen Kommunikationsrichtung zwischen der Massen- sowie der persönlichen

---

[146] Vgl. Kleb (2008), S. 61.
[147] Vgl. Zirnsack (2008), S. 98.
[148] Vgl. Wiese (2005), S. 65ff und Beck (2008), S. 21ff.

Kommunikation wählen.

Durch die persönliche Kommunikation ist es möglich, die jeweilige Person individuell anzusprechen. Somit kann man im Vergleich zur Massenkommunikation stärker auf deren spezifischen Bedürfnisse eingehen und eine höhere Glaubwürdigkeit erreichen. Ein Praktikum z.B. erhöht nicht nur die Glaubwürdigkeit durch die eigene Erfahrung, sondern verbindet den Bewerber auch emotional mit dem Unternehmen. Der Großteil aller Befragten bevorzugt ein Praktikum zur Informationssammlung über seinen zukünftigen Arbeitgeber.

Abbildung 40: Ergebnis aus Frage 5 des Fragebogens

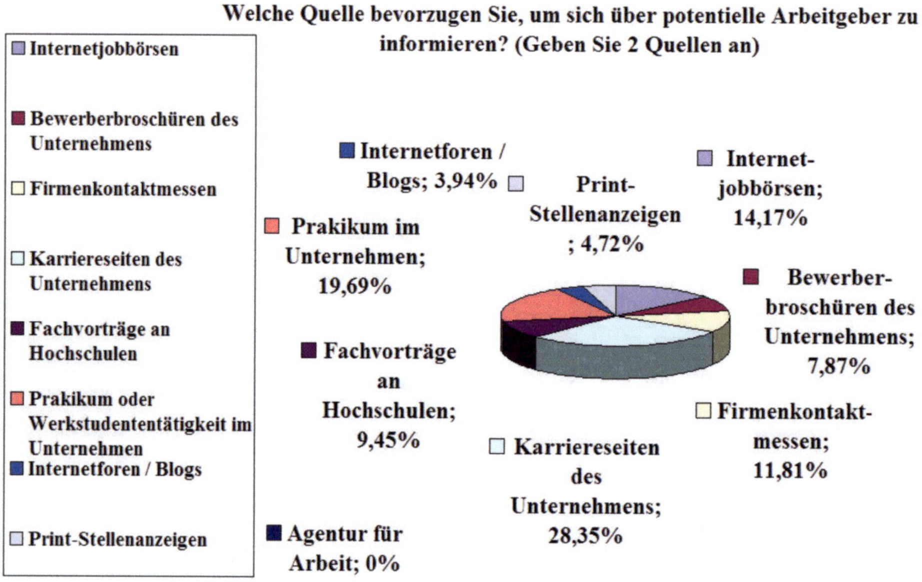

Quelle: eigene Darstellung.

Anhand der Massenkommunikation, wird eine Vielzahl an Personen innerhalb kurzer Zeit erreicht. Durch die Ansprache mehrerer Personen auf einmal ist die Streuung der Botschaft um ein Vielfaches höher und die Maßnahme kann aufgrund der geringeren Kosten pro erreichter Person viel häufiger wiederholt werden. Je öfter die Werbemaßnahme durchgeführt wird, z.B. auf Internetseiten, Kommunikationsplattformen oder in Zeitschriften, desto mehr Menschen werden beginnen, die Botschaft mit der Firma zu assoziieren.[149] Besonders häufig informieren sich die befragten Studenten über die Karriereseiten ihres potenziellen Arbeitgebers. (siehe Abb. 39) Ein Nachteil der Massenkommunikation ist, dass

---

149 Vgl. Torrington/Hall/Taylor (2004), S. 132f.

die Kommunikation an Individualität und damit auch an Wirkung verliert.

7.7 Kontrolle

Der Erfolg der Employer Branding Strategie wird an der Markenstärke gemessen. Sie gibt an, wie überlegen eine Arbeitgebermarke am Arbeitsmarkt von der jeweiligen Zielgruppe wahrgenommen wird und wie sie gegenüber den Wettbewerbern erscheint.[150] Die Markenstärke hängt von drei Komponenten ab. Dazu zählt die kognitive Komponente, die beschreibt, wie hoch der Informations- und Wissensstand über eine Marke ist, der letztlich die Bekanntheit am Markt ausmacht. Diese kann anhand von Befragungen von Individuen nach den ihnen bekannten oder beliebtesten Arbeitgebern gemessen werden. Die zweite Komponente ist die affektive, die sich auf die gefühlsmäßige Bewertung einer Marke bezieht, d.h. auf Werte wie Vertrauen, Identifikation, Sympathie und Prestige. Mittels Polaritätsprofilen, ein Messverfahren aus der empirischen Sozialforschung, können die Empfindungen für die jeweilige Arbeitgebermarke analysiert werden. Als letztes folgt die konative Komponente, die die Handlungsabsicht beinhaltet. In diesem Kontext kann das z.B. die Absicht, sich zu bewerben oder einen Vertragsabschluss durchzuführen, bedeuten. Der Erfolg wird hierbei daran gemessen, wie hoch die Anzahl der eingegangenen Initiativbewerbungen, Resonanz auf Stellenanzeigen, Anzahl der Absagen, Fluktuationsbewegungen etc. ist.[151]

8 Risiken eines Employer Brandings

Die Kosten eines Branding Prozessen können beginnend bei ca. 20.000 € bis in den sechsstelligen Bereich ausfallen. Viele Firmen, insbesondere kleine Unternehmen, können diese Aufwendungen nicht bewältigen. In dem Fall ist es empfehlenswert, sich selbst mit den Themen auseinanderzusetzen und kreative Lösungen zu kreieren. Z.B. ist zu prüfen, ob angehende Investment Banker Fachzeitschriften lesen oder eher Radio hören, um über diese Wege seine Zielgruppe zu erreichen.[152]

---

[150] Vgl. Petkovic (2008), S. 92.
[151] Vgl. Petkovic (2008), S. 230ff.
[152] Vgl. Furkel (2008), S. 69.

Für eine erfolgreiche Arbeitgebermarkenstrategie benötigen die Firmen spezielle und umfangreiche Kenntnisse, da es sich um ein komplexes Verfahren handelt. Häufig fehlt den Unternehmen ein ausreichendes Know How. In Anbetracht der Ausgaben sowie der Auswirkungen eines unglaubwürdigen Employer Brands auf dem Arbeitsmarkt ist zu empfehlen, Spezialisten für diesen Bereich einzustellen, die Mitarbeiter in der Kommunikations-, Marketing- und insbesondere in der Personalabteilung zu schulen oder extern von dem weiter steigenden Angebot an Beratern verschiedener Agenturen Gebrauch zu machen.[153]

9 Fazit und Ausblick

Eine starke Arbeitgebermarke hat einen positiven Einfluss auf die Mitarbeiterbindung sowie auf die Gewinnung geeigneter Mitarbeiter. Vor dem Hintergrund, dass das Humankapital einen erheblichen Einfluss auf den Erfolg eines Unternehmens hat, wird durch Employer Branding ein deutlicher Wettbewerbsvorteil erzielt.
„Fast alle Topmanager versichern, dass ihrem Unternehmen die Mitarbeiter am Herzen liegen. Die exzellenten Unternehmen aber zeichnen sich dadurch aus, dass dieses Anliegen bei ihnen jederzeit und überall unübersehbar zum Ausdruck kommt.“[154]

Der große Imageverlust der Branche IB, ausgelöst durch die globale Finanzkrise, kann potenzielle Kandidaten zu einem Branchenwechsel verleiten und die Bewerberauswahl stark verringern. Während vor kurzem Investment Banker in der Gesellschaft noch als angesehene Geschäftsleute galten, hat sich ihr Image nach den derzeitigen Entwicklungen ins Gegenteil gekehrt.[155] Der ungewöhnliche Wandel von Bewunderung zur nahezu Verachtung der Investment Banker unterstreicht die Notwendigkeit eines Wandels im HRM. Dieser Effekt wird gleichzeitig verstärkt durch die aktuelle Entwicklung des Arbeitsmarktes. Aufgrund des demografischen Wandels, des Übergangs zur Wissensgesellschaft und des Wertewandels werden qualifizierte Fach- und Führungskräfte in Zukunft

---

[153] Vgl. Koch (2007), S. 70.
[154] Peters/Waterman (1984), S. 281.
[155] Vgl. Sleegers (2008), S.12.

zu einem besonders knappen Gut.

Die wichtigste Vorraussetzung für die Entwicklung einer erfolgreichen Employer Branding Strategie ist es, die Entscheidungskriterien für die Unternehmenswahl der jeweiligen Zielgruppe zu kennen. Es zeigte sich, dass die Entscheidungskriterien von angehenden Investment Bankern sehr spezifisch sind und sich erheblich von den Kriterien genereller Absolventen unterscheiden. Zugleich scheinen sich die Kriterien angehender Investment Banker zum Investment Banker mit Berufserfahrung zu wandeln. Zusammenfassend wurden folgende zentralen Erkenntnisse aus der Befragung der IB-orientierten Bewerber gewonnen:

- Eine klare und glaubwürdige Unternehmensmarke hilft bei der Entscheidungsfindung und führt zu Initiativbewerbungen. Die Vorraussetzung ist, dass die Markenbotschaft nur das verspricht, was auch tatsächlich gelebt wird. Auf diese Weise wird das zweite wichtige Ziel des Employer Brandings erreicht: Die gewonnenen besten Mitarbeiter an das Unternehmen zu binden.
- Kontinuität des Unternehmens spielt seit der Finanzkrise als Entscheidungskriterium für den bevorzugten Arbeitgeber eine größere Rolle.
- Arbeitsatmosphäre und Modernität des Unternehmens werden zwar als Entscheidungskriterium genannt, sind jedoch nicht so bedeutend.
- Angehende Investment Banker suchen in erster Linie die Herausforderung, besondere Leistungen durch selbständiges Arbeiten zu erbringen und dafür Anerkennung durch eine steile Karriere und ein überdurchschnittliches Einkommen zu erlangen.
- Teamarbeit und offene Kommunikation werden zwar als wichtiges Entscheidungskriterium genannt, doch der interne Wettbewerb, der eigentlich mit der Teamarbeit und der offenen Kommunikation nicht vereinbar ist, wird von mehr als der Hälfte der Befragten als nicht abschreckend angesehen.
- Lange Arbeitszeiten und wenig Urlaub werden zwar negativ bewertet, aber aufgrund des überdurchschnittlichen Gehaltes und der besonderen

Vergütungsmerkmale nimmt man diese negativen Punkte durchaus in Kauf.

- Hinter den, in jungen Jahren erlebbaren und nutzbaren Faktoren, wie Einkommen und Statussymbole, sind hohe Sozialleistungen kaum von Interesse und entscheiden am wenigsten über die Arbeitgeberwahl.
- Internationalität ist heute für jede Bank unabdingbar. Daher wundert es nicht, dass fast 90% der angehenden Investment Banker international tätig sein wollen, bzw. eine international agierende Bank in hohem Maße bevorzugen.
- Obwohl sich das Image der IB Branche auch in den Augen der befragten Absolventen stark ins Negative gekehrt hat, wollen immer noch über 90% an ihrem Traumberuf festhalten.
- Die Sinnhaftigkeit der Erhebung der Entscheidungskriterien für eine Branche wird deutlich bei dem Vergleich der Anforderungen an generelle Arbeitgeber und an Arbeitgeber innerhalb des IBs. Eine Employer Branding Strategie wird für Investment Banker stärker die hohen Einkommen, die sehr guten Karrieremöglichkeiten und die Internationalität herausstellen müssen, als z.B. Work-Life Balance oder ein gutes Arbeitsklima, die bei der generellen Arbeitgeberwahl als sehr bedeutende Kriterien genannt wurden.
- Die Offenheit der befragten Absolventen und Studenten überrascht. So geben sie offen zu, dass ein hohes Einkommen (hohes Gehalt und extrem hoher Erfolgsbonus) das entscheidende Kriterium bei der Berufs- und auch der Arbeitgeberwahl für sie ist. Sie werden eingestellt, um für die Investmentbank überdurchschnittliche Renditen durch schonungslosen Einsatz zu erzielen und wollen an diesem Erfolg unmittelbar partizipieren.
- Durch die aktuelle Finanzkrise ist man verunsichert, ob dieses „Modell" zukünftig noch aufgeht. Es war an den Antworten zu erkennen, dass neben dem bisher alles entscheidenden Einkommenskriterium, nun auch die Glaubwürdigkeit und Kontinuität der Bank als wesentliche Entscheidungskriterien an Bedeutung gewonnen haben. Die Unsicherheit spiegelt sich auch in der sehr hohen Relevanz von Weiter- und Fortbildung wieder, da der anvisierte Arbeitsplatz als Investment Banker in Frage

gestellt wird.

- Im Vergleich der angehenden Investment Banker zu den Investment Bankern mit Berufserfahrung zeigte sich, dass ein gutes Arbeitsklima offensichtlich durch die Erfahrung im Beruf bedeutender eingeschätzt wird. Interessant ist auch, dass alle befragten Investment Banker im Gegensatz zu den Absolventen, den internen Wettbewerb nicht nur als nicht abschreckend, sondern sogar als leistungsfördernd ansehen, dem die Branche zumindest in der Vergangenheit ihren Erfolg verdankt.
- Die zukünftig abnehmende Lukrativität und die negativen Auswirkungen auf das Image der Branche führen dazu, dass die befragten Investment Banker von einem Einstieg in das IB abraten.

Abschließend wurde aufgezeigt, wie diese identifizierten Entscheidungskriterien bei der Entwicklung einer Employer Branding Strategie in der Branche des IBs zu berücksichtigen sind. Solange ein überdurchschnittliches Gehalt und die Aussicht auf Karriere, die ein gutes Weiterbildungsprogramm und Auslandsaufenthalte beinhaltet, noch gewährleistet werden kann, sollte das Employer Brand diese Faktoren kommunizieren und keine Versprechungen geben, die nicht eingehalten werden können. Die Kosten, die mit einer Employer Branding Strategie verbunden sind, werden langfristig aufgrund der hohen erzielbaren Einsparungen kompensiert, und über die Gewinnung sehr qualifizierter und leistungsbereiter Investment Banker wird man den Erfolg des Unternehmens positiv beeinflussen. Gerade im Hinblick auf die hohen Leistungsansprüche der Branche IB an seine Arbeitnehmer, ist es dringend zu empfehlen, eine Employer Branding Strategie zu beginnen bzw. konsequent weiter zu verfolgen, die auf die aktuell sich geänderten Entscheidungskriterien eingeht, um weiterhin qualifizierte Arbeitskräfte zu rekrutieren.

„Es ist nicht mehr die Frage, *ob* der Aufbau und die Positionierung eines Unternehmens als Arbeitgebermarke zwingend notwendig erscheint, sondern lediglich *wie* man es realisiert.“[156]

---

[156] Beck (2008), S. 29.

Literaturverzeichnis

Achleitner, A-K. (2000): Handbuch Investment Banking, Wiesbaden.

Bach, S. (2005): Managing Human Resources: Personnel Management in Transition, Oxford.

Balsen, W. (2008): Brüssel sucht die Stellschrauben, in: Frankfurter Rundschau, Jg. 64, Nr. 262, S. 17.

Baron, J. N./Kreps, D. M. (1999): Strategic Human Resources Management: Frameworks for General Managers, New York.

Barrow, S./Mosley, R. (2005): The Employer Brand: Bringing the Best of Brand Management to People at Work, England.

Barrow, S./Mosley, R. (2006): Internes Brand Management: Machen Sie Ihre Mitarbeiter zu Markenbotschaftern, Weinheim.

Bartschner, T./Huber, A. (2007): Praktische Personalwirtschaft: Eine praxisorientierte Einführung, Wiesbaden.

Beck, C. (2008): Personalmarketing 2.0: Vom Employer Branding zum Recruiting, Köln.

Beck, C. (2007): Entscheidend ist, wie man es tut: Arbeitgebermarke. Vor allem im Mittelstand geht es nicht um die Frage, ob Employer Branding sinnvoll ist, sondern gezielt um das „Wie" der Umsetzung, in: Personalmagazin, Jg. 2007, Ausgabe 11, S. 62-63.

Bethkenhagen, E. (2008): Das Problem zum Thema machen: PRAXIS. Dank kontinuierlicher Medienpräsenz, die den Ingenieurmangel thematisierte, erreichte die Binder GmbH hohe Aufmerksamkeit bei Bewerbern, in: Personalmagazin, Jg. 2008, Ausgabe 11, S. 66-67.

Bischoff, J. (2008): Globale Finanzkrise: Über Vermögensblasen, Realökonomie und die >neue Fesselung< des Kapitals, Hamburg.

Brück, C./Haselgruber, J. (2008): Strategic Rewards als Teil des Employer Branding, in: Personalführung, Jg. 2008, Nr. 5, S. 34-41.

Byrne, R. (2001): Hub and Spokes: A Model for Success, in: Low, M. B. (2001): Become an Investment Banker: Leading Investment Bankers Reveal the Secrets to Success as an Investment Banker, United States of America.

Deutsche Employer Branding Akademie (2006): Werttreiber Employer Branding: Geringere Kosten, bessere Leistung, zufriedenere Kunden, mehr Umsatz, in: OSCAR.trends Magazin, 3. Quartal, Ausgabe 3, S. 15-17.

Doppler, K./Lauterburg, C. (2005): Change Management: Den Unternehmenswandel gestalten, Frankfurt am Main.

Dunne, J. (2001): Essentials of a Good Investment Banker, in: Low, M. B. (2001): Become an Investment Banker: Leading Investment Bankers Reveal the Secrets to Success as an Investment Banker, United States of America.

Dürndorfer, M./Nick, M./Wood, G. (2005): Human Capital Management in deutschen Unternehmen: Eine Studie von Gallup und der Value Group, Hamburg.

Dziarnowski, L./Schütze, S. (2007): Erfolgsfaktor Arbeitsklima: Vergleichende Analysen und empirische Ansätze, Köln.

Eberts, M./Gisler, M./Olson, M. (2004): Careers for High-Energy People: & Other Go-Getters (McGraw-Hill Careers for You, United States of America, Illinois.

Elsner, M./Heil, O. P. (2006): Employer Branding als Herausforderung und Chance für das strategische Marketing, in: OSCAR.trends Magazin, 3. Quartal, Ausgabe 3, S. 19-22.

Enderle, K./Furkel, D. (2008): Crossmedial und international. ROUND TABLE. Employer Branding ist ein Megatrend im Personalwesen. Die Inhalte sind längst bekannt, aber die Konzepte folgen erst jetzt einem ganzheitlichen Ansatz, in: Personalmagazin, Jg. 2008, Ausgabe. 11, S. 60-63.

Esch, F-R./Tomczak, T./Kernstock, J./Langner, T. (2006): Corporate Brand Management: Marken als Anker strategischer Führung von Unternehmen, Wiesbaden.

Frankfurter Allgemeine Zeitung (2008): Ende der Investmentbanken an der Wall Street, in: Frankfurter Allgemeine Zeitung, 23.09.2008, Nr. 223/39, S. 13.

Furkel, D. (2008): Authentisch und glaubwürdig: ROUND TABLE. Employer Branding wird zur Überlebensfrage für Unternehmen. Es geht darum, die Grundwerte einer Firma nach außen zu kommunizieren, in: Personalmagazin, Jg 2007, Ausgabe 11, S. 66-69.

Gieske, C./Heinrich, H. (2005): Die neue Rolle des Corporate Branding, in: Gaiser, B./Linxweiler, R./Brucker, V. (2005): Praxisorientierte Markenführung: Neue Strategien, innovative Instrumente und aktuelle Fallstudien, Wiesbaden, S. 102-118.

Haase, D. (1997): Organisationsstruktur und Mitarbeiterbindung: Eine empirische Analyse in Kreditinstituten, Köln.

Hauser, F./Schubert, A./Aicher, M. (2005): Unternehmenskultur, Arbeitsqualität und Mitarbeiterengagement in den Unternehmen in Deutschland: Ein Forschungsprojekt des Bundesministeriums für Arbeit und Soziales, Durchführung: psychonomics AG, Great Place to Work Institut Deutschland, Universität Köln, in: Abschlussbericht Forschungsprojekt, Jg. 2005, Nr. 18.

Heyse, V./Ortmann, S. (2008): Talentmanagement in der Praxis: Eine Anleitung mit Arbeitsblättern, Checklisten und Softwarelösungen, Münster-München.

Hockmann, H./Thießen, F. (2002): Investment Banking, Stuttgart.

Holz, M./Da-Cruz, P. (2007): Demografischer Wandel in Unternehmen: Herausforderung für strategische Personalplanung, Wiesbaden.

Jochen, F./Gisdakis, P. (2008): Credit Crisis: From Tainted Loans to a Global Economic Meltdown, Weinheim.

Kirchgeorg, M./Lorbeer, A. (2002): Anforderungen von High Potentials an Unternehmen: Eine Analyse auf der Grundlage einer bundesweiten Befragung von High Potentials und Personalentscheidern, in: Arbeitspapier Nr. 49 der Handelshochschule Leipzig (HHL), Leipzig.

Klefges, T. (2004): Employer Branding als Kernelement des strategischen Personalmarketing, Paderborn.

Koch, H. (2007): Employer Branding erfolgreich umsetzen, in: Personalmagazin, Jg. 2007, Nr. 11, S. 70.

Köhler, W. (2008): Wall Street Panik: Banken außer Kontrolle: Wie Kredithaie die Weltkonjunktur ins Wanken bringen, Murnau am Staffelsee.

Laux, U. (2008): Alle ins Boot holen, in: Personalwirtschaft extra, Jg. 08.2008, S. 30-32.

Mallett, F. (2004): Employer Branding: A new Era of workforce attraction and retention, New York.

Michaels, E./Handfield-Jones, H./Axelrod, B. (2001): The War for Talent, Massachusetts.

Moser, K. (1992): Personalmarketing: Eine Einführung, München.

Neger-Ledermann, A. (2007): Investment... Banking?, in: Finanz und Wirtschaft, Jg. 08.08.2007, Ausgabe 61, S. 1.

Pawelka, B. (2003): Investment Banking Strategien deutscher Banken, Wiesbaden.

Personalführung (2008): „Studie zu Arbeit und Depression“: Sind mehr als 39 Stunden pro Woche riskant?, in: Personalführung, Jg. 2008, Nr. 2, S. 14-15.

Peters, T. J./Waterman, R. H. (1984): Auf der Suche nach Spitzenleistungen: Was man von den bestgeführten US-Unternehmen lernen kann, Landsberg am Lech.

Petkovic, M. (2008): Employer Branding: Ein markenpolitischer Ansatz zur Schaffung von Präferenzen bei der Arbeitgeberwahl, München-Mering.

P&I News (2008): Employer Branding: attraktive Arbeitgebermarke kreieren, in: P&I News, Jg. 2008, Nr. 04, S. 18-23.

Rosenbusch, C. (2008): Demografischer Wandel und Bildungsungleichheit, Gießen.

Saidi, F. (2005): Das Insider-Dossier: Bewerbung bei Investmentbanken. Vorbereitung auf das Finance-Interview, squeaker.net GmbH.

Schmidt, R. H./Grote, M. H. (2005): Was ist und was braucht ein bedeutender Finanzplatz?, in: Working Paper Series: Finance and Accounting, Jg. April 2005, No. 150.

Schuhmacher, F./Geschwill, R. (2009): Employer Branding: Human Resources Management für die Unternehmensführung, Wiesbaden.

Schuster, L./Widmer, A. W. (2004): Wege aus der Banken- und Börsenkrise, Berlin-Heidelberg.

Schwarze, F. (2003): Die deutsche Bank: Riese auf tönernen Füssen, Frankfurt.

Siedenbiedel, C. (2008): Wer sich als Erster anlehnt, hat den Makel, in: Frankfurter Allgemeine Sonntagszeitung, 19.Oktober 2008, Nr. 42, S. 35.

Sleegers, A. (2008): Das Ende des Investmentbanking?: Die Finanzmarktkrise stellt nicht nur das Geschäftsmodell der UBS in Frage, in: Frankfurter Rundschau, Jg. 64, Nr. 188, S. 12.

Speck, P. (2008): Employability – Herausforderungen für die strategische Personalentwicklung: Konzepte für eine flexible, innovationsorientierte Arbeitswelt von morgen, Wiesbaden.

Statistische Ämter des Bundes und der Länder (2007): Bevölkerungsentwicklung, in: Demografischer Wandel in Deutschland, Jg 2007, Heft 1, S. 8-21.

Statistisches Bundesamt (2006): Bevölkerung Deutschlands bis 2050, in: 11. koordinierte Bevölkerungsvorausberechnung des statistischen Bundesamtes, Wiesbaden.

Studie: Employer Branding 2007, Ein Kooperationsprojekt von tns-infratest, die Zeit, HHL und e-fellows.net, Bielefeld.

Teufer, S. (1999): Die Bedeutung des Arbeitgeberimage bei der Arbeitgeberwahl: Theoretische Analyse und empirische Untersuchung bei High Potentials, Wiesbaden.

Theisen, S. (2008): Employer Branding – Eine Einführung, in: StepStone Seminar: „Employer Branding für eine erfolgreiche Mitarbeitersuche“ am 02. Oktober 2008 in Frankfurt am Main.

Torrington, D./Hall, L./Taylor, S. (2004): Human Resource Management, Hemel Hempstead.

Von der Oelsnitz, D./Stein. V./Hahmann von Haupt, M. (2007): Der Talente-Krieg: Personalstrategie und Bildung im globalen Kampf um Hochqualifizierte, Bern-Stuttgart-Wien.

Walsh, I. (2008): Personalentwicklung unter dem Aspekt der interkulturellen

Anforderungen an das Management, in: Speck, P. (2008): Employability – Herausforderungen für die strategische Personalentwicklung: Konzepte für eine flexible, innovationsorientierte Arbeitswelt von morgen, Wiesbaden.

Wiese, D. (2005): Employer Branding: Arbeitgebermarken erfolgreich aufbauen, Saarbrücken.

Winkels, R. S. (2007): Demografischer Wandel: Herausforderungen und Chancen für Personalentwicklung und betriebliche Weiterentwicklung, Berlin-Hamburg-Münster.

Wissenschaftsrat (2005): Entwicklung der Fachstudiendauer an Universitäten von 1999 bis 2003, Köln.

Zirnsack, E. (2008): Employer Branding als Ausprägung des Personalmarketings: Eine Betrachtung vor dem Hintergrund des (prognostizierten) Fachkräftemangels in Deutschland, Saarbrücken.

Internetquellen:

Borghard, L. (2007): Die zehn bestbezahlten Berufe, in: Das Portal der Wirtschaftswoche, online: http://www.wiwo.de/karriere/die-zehn-bestbezahlten-berufe-247809/3/, Stand: 03.01.2009.

Deutsche Employer Branding Akademie (2008): Wahre Schönheit kommt von innen: Glaubwürdigkeit macht Arbeitgeber attraktiv, online: http://www.employerbranding.org/downloads/publikationen/DEBAIEB-Studie_Report.pdf, Stand: 23.10.2008.

Dornhöfer, N./Varlese, N. (2008): Überzeugen im Talentwettbewerb, in: FAZ.NET, online: www.faz.net/S/RubF4C315CBC87496AB9894372DO14B9BD/DOC~E03209E5FB8FC43E7B71AF7498FC795A4~ATpl~Ecommon~scontent.html, Stand: 23.09.2008.

Eichelburg, W. K. (2008): Ein Jahr Finanzkrise, online: http://hartgeld.com/filesadmin/pdf/Art_2008-102_EinJahrFinanzkrise.pdf, Stand: 23.11.2008.

Employer Branding 2007 Summary, Ein Kooperationsprojekt von tns-infratest, die Zeit, HHL und e-fellows.net, online: http://zelos.zeit.de/angebote/employer_branding/Empl_Branding_Summary_07.pdf, Stand: 26.11.2008.

FR-Online (2008): Bloß keinen Investmentbanker als Freund, in FR-Online, 12.11.2008, online: http://www.fr-online.de/in_und_ausland/panorama/1628467_Bloss-keinen-Investmentbanker-als-Freund.html, Stand: 08.12.2008

Kadden, W. (2008): Das Wüten der Finanzprofis, in: Manager Magazin, online: http://www.manager-magazin.de/geld/artikel/0,2828,579860,00.html, Stand: 06.11.2008.

Kaiser, S. (2008): 13 981 492 Euro: Josef Ackermann bleibt trotz Finanzkrise Spitzenverdiener – nur ein Topmanager streicht noch mehr ein, in: Der Tagesspiegel, 27.03.2008, online: http://www.tagesspiegel.de/wirtschaft/;art271,2501300, Stand: 08.12.2008.

Kriegler, W. R./Pett, J-E. (2004): Kopfjagd mit Marke: Employer Branding, online: http://www.now-markenberatung.de/downloads/Kopfjagd_mit_Marke.pdf, Stand: 24.09.2008.

Leppin, K. (2004): Das Fusionskarussell dreht sich wieder, in: Frankfurter Allgemeine Hochschulanzeiger, Jg. 2004, Nr. 70, online: http://www.faz.net/s/RubB1763F30EEC64854802A79B116C9E00A/Doc~EB556D379383F40A6989AAEFC03BB589C~ATpl~Ecommon~Scontent.html, Stand: 01.11.2008.

Manager-Magazin (2006): Deutsche Bank: Ackermann verteidigt Top-Gehälter, 19.01.2006, online: http://www.managermagazin.de/unternehmen/artikel/0,2828,396024,00.html, Stand: 08.12.2008.

Nagl, H. G. (2009): Aschenputtel kommt in die Filiale, in: Handelsblatt.com, 01.01.2009, online: http://www.handelsblatt.com/ unternehmen/bankenversicherungen/ aschenputtel-kommt-in-die-filiale;2117940, Stand: 04.01.2009.

Nolmans, E. (2008): Krise nicht für alle, in: Bilanz: Das Schweizer Wirtschaftsmagazin, online: http://www.bilanz.ch/edition/artikel.asp?Session=30BAE97B-4BBE-4A33-888E-B0136CD19BF8&AssetID=5515, Stand: 31.10.2008.

Polke, H. (2008): Erträge im Investment Banking gehen nur wenig zurück, aber noch kein Ende der Krise., in: BCG Press Realease, online: http://www.bcg.com/publications/files/BCG_PM_IBanking_Q1_2008_17Juni2008.pdf, Stand: 03.01.2009.

Putzer, L. F./Sermpetis, C./Tsopelas, G. D. (2008): A Talent shortage for European banks, in: The McKinsey Quarterly, July 2008, online: http://www.mckinseyquarterly.com/PDFDownload.aspx?L2=10&L3=51&ar=2148, Stand: 25.10.2008.

Saft, J. (2008): Investment banking becomes less profitable, but it is still breathing, in: International Herald Tribune, published: 18.09.2008, online: http://www.iht.com/articles/2008/09/18/business/col19.php, Stand: 24.10.2008.

Sievers, B. (2004): Ein Statussymbol wird Allgemeingut, in: Spiegel online, 29.10.2004, online: http://www.spiegel.de/wirtschaft/0,1518,325725,00.html, Stand: 22.11.2008.

Spiegel wissen (2008): Die Finanzkrise, in Spiegel wissen, 26.09.2008, online: http://wissen.spiegel.de/wissen/dokument/49/37/dokument.html?titel=Finanzkrise&id=60607394&top=Start&suchbegriff=finanzkrise&quellen=%2BBX%2CWIKI%2C%2BSP%2C%2BMM%2CALME%2CSTAT%2C%2BMEDIA&vl=0&qcrubrik=wirtschaft, Stand: 06.11.2008.

Studie der Ernst & Young AG (2008): Studenten in Deutschland: Was sie bewegt. Wohin sie wollen., in Kooperation mit dem unabhängigen Meinungsforschungsinstitut Valid Research in Bielefeld, durchgeführt im September 2008, online: http://www.ey.com/Global/assets.nsf/Germany/Studie_Studenten_2008/$file/Studie_Studenten_2008.pdf, Stand: 03.01.2009.

Studie der L.Y. STAMET Intelligence Group (2008): The International Recruitment Manual, published in June 2008, online: http://www.stepstone.be/content/be/symposium/presentations/International%20Recruitment%20-%20Intelligence%20Group!.pdf, Stand: 03.01.2009.

Anhangsverzeichnis

Anhang 1: Fragebogen

Anhang 2: Vorlage der Interviews

Anhang 1: Online-Fragebogen

1 / 1

Wenn Sie Student sind und sich für die Branche Investment Banking interessieren, dann brauche ich genau Sie!

Diese Untersuchung findet im Rahmen meiner Diplomarbeit statt zur Identifikation von Entscheidungskriterien bei der Arbeitgeberwahl. Sie sind mir eine große Hilfe, wenn Sie die Fragen vollständig und gewissenhaft beantworten. Natürlich garantiere ich Ihnen einen vertraulichen Umgang mit Ihren Angaben.

1. Denken Sie, dass Sie ein geeigneter Kandidat für eine vakante Stelle im Investment Banking einer besonders anspruchsvollen Bank sind?**

O auf jeden Fall O ja O neutral O nein O auf keinen Fall

2. Wie bewerten Sie das Image der Branche Investment Banking?**

O Sehr gut O gut O mittel O schlecht O sehr schlecht

3. Könnten Sie sich vorstellen, angesichts der Finanzkrise, in der Branche Investment Banking tätig zu sein?**

O auf jeden Fall O ja O neutral O nein O auf keinen Fall

4. Haben Sie vor sich für eine Tätigkeit im Investment Banking zu bewerben?**

O Ja O Nein

5. Welche Quelle bevorzugen Sie, um sich über potentielle Arbeitgeber zu informieren? (Geben sie bitte 2 Quellen an)

- ☐ Internetjobbörsen
- ☐ Bewerberbroschüren des Unternehmens
- ☐ Firmenkontaktmessen
- ☐ Karriereseiten des Unternehmens
- ☐ Fachvorträge an Hochschulen
- ☐ Prakikum oder Werkstudententätigkeit im Unternehmen
- ☐ Internetforen / Blogs
- ☐ Print-Stellenanzeigen
- ☐ Agentur für Arbeit

6. Ist es Ihnen wichtig, dass Sie sich mit Ihrer Arbeitgebermarke (z.B. die Marke Deutsche Bank), sowie der Unternehmenskultur identifizieren können?**

O auf jeden Fall O ja O neutral O nein O auf keinen Fall

7. Was sollte die Arbeitgebermarke in Ihnen am ehesten auslösen?

- O Stolz
- O Macht / Prestige
- O Karrierechancen
- O Ansehen

8. Wie wichtig ist Ihnen eine kollegiale Arbeitsatmosphäre sowie ein gutes Verhältnis zu Ihrem Vorgesetzten?**

O sehr wichtig O wichtig O mittel O weniger wichtig O unwichtig

9. Suchen Sie Aufgaben, die Sie herausfordern?**

O auf jeden Fall O ja O neutral O nein O auf keinen Fall

10. Suchen Sie bei Ihrem Arbeitgeber nach:

	auf jeden Fall	ja	neutral	nein	auf keinen Fall
Garantie des Arbeitsplatzes	O	O	O	O	O
hohe Sozialleistungen	O	O	O	O	O
Glaubwürdigkeit des Unternehmens	O	O	O	O	O
überdurchschnittliches Gehalt	O	O	O	O	O
Kontinuität	O	O	O	O	O

11. Sind Sie ein Mensch, der sehr viel Wert auf ein ausgeglichenes Berufs- und Privatleben legt?**

O auf jeden Fall O ja O neutral O nein O auf keinen Fall

12. Sollte das Unternehmen Angebote zur Vereinbarkeit von Beruf / Karriere / Familie bieten, wie zum Beispiel Kinderbetreuung, Home Office oder flexiblere Arbeitszeiten?**

O auf jeden Fall O ja O neutral O nein O auf keinen Fall

13. Präferieren Sie eine Bank, die international agiert?**

O auf jeden Fall O ja O neutral O nein O auf keinen Fall

14. Spielt der Standort des Unternehmens für Sie eine Rolle bei der Wahl Ihres Arbeitgebers? (z.B. Innenstadt)**

O auf jeden Fall O ja O neutral O nein O auf keinen Fall

15. Ist es Ihnen wichtig, die Möglichkeit zu haben, im Ausland zu arbeiten?**

O sehr wichtig O wichtig O mittel O weniger wichtig O unwichtig

16. Wie wichtig ist es Ihnen, dass Ihnen die durchschnittliche Anzahl an Urlaubstagen (ca. 30 Tage im Jahr) gewährt wird?**

O sehr wichtig O wichtig O mittel O weniger wichtig O unwichtig

17. Legen Sie Wert auf Teamarbeit?**

O auf jeden Fall O ja O neutral O nein O auf keinen Fall

18. Halten Sie internen Wettbewerb im Unternehmen für abschreckend?**

O auf jeden Fall O ja O neutral O nein O auf keinen Fall

19. Wenn Sie die Wahl hätten zwischen 2 Arbeitgebern, welche Kriterien würden dabei eine Rolle spielen? Bitte ordnen Sie die Kriterien nach ihrer Wichtigkeit. (1: sehr wichtig bis 5: weniger wichtig)**

Gutes Image (A) ; Rekrutierung der besten Führungskräfte (B) ; Markterfolg (C) ; Zukunftsfähigkeit (D) ; Referenzen durch ehemalige oder aktuelle Mitarbeiter (E)

Ihre Antwort:

20. Sehen Sie flache Hierarchien im Unternehmen als ein wichtiges Attribut an?**

O auf jeden Fall O ja O neutral O nein O auf keinen Fall

21. Welche Rolle spielt das Gehalt bei der Wahl Ihres Arbeitgebers?**

O sehr wichtig O wichtig O mittel O weniger wichtig O unwichtig

22. Kann in Ihren Augen ein überdurchschnittliches Gehalt lange Arbeitszeiten kompensieren?**

O auf jeden Fall O ja O neutral O nein O auf keinen Fall

23. Würden Sie für ein überdurchschnittliches Gehalt auf Urlaubstage verzichten?**

O auf jeden Fall O ja O neutral O nein O auf keinen Fall

24. Wie wichtig sind Ihnen Möglichkeiten zur Weiterbildung bzw. Fortbildung (z.B. Trainings, Seminare) in Ihrem Unternehmen?**

polliscope - Software für Umfragen & Marktforschung online

O sehr wichtig O wichtig O mittel O weniger wichtig O unwichtig

25. In welchem Maße beeinflussen die folgenden Kriterien Ihre Arbeitgeberwahl?**

	sehr stark	stark	mittel	wenig	sehr wenig
Offene Kommunikation (z.B. durch offene Büroräume)	O	O	O	O	O
Modernität des Unternehmens	O	O	O	O	O
Selbstständiges Arbeiten	O	O	O	O	O

26. Welches Statussymbol bevorzugen Sie? (Bitte geben Sie 2 der folgenden an!)**

- ☐ Black Berry
- ☐ Laptop
- ☐ Firmenwagen
- ☐ Betriebliche Altersvorsorge
- ☐ hohe Spesen
- ☐ Business Class Flüge

27. Wählen Sie 4 positive Merkmale aus den unten genannten Merkmalen, die eine Tätigkeit als Investment Banker aus Ihrer Sicht auszeichnet. Bitte ordnen Sie diese Merkmale nach Ihrer Priorität. (1.: sehr positives Merkmal ; 4.: positives Merkmal)**
Gutes Arbeitsklima ; herausfordernde Aufgaben ; Glaubwürdigkeit des Unternehmens ; überdurchschnittliches Gehalt ; Internationalität ; hohe Sozialleistungen ; Garantie des Arbeitsplatzes ; Work-Life-Balance ; attraktiver Standort ; Teamarbeit ; flache Hierarchien ; Fort- und Weiterbildungmöglichkeiten ; gutes Ansehen ; Statussymbole ; flexible Arbeitszeiten ; Karrierechancen ; interessante und erfüllende Aufgaben

Ihre Antwort: [ ]

28. Wählen Sie 4 negative Merkmale aus den unten genannten Merkmalen, die eine Tätigkeit als Investment Banker aus Ihrer Sicht auszeichnet. Bitte ordnen Sie diese Merkmale nach Ihrer Priorität. (1.: sehr negatives Merkmal ; 4.: negatives Merkmal)**
starker interner Wettbewerb, Vernachlässigung sozialer Kontakte, viel unterwegs, hohes Arbeitspensum, lange Arbeitszeiten, wenig Schlaf, harte Arbeit, wenig Urlaub, keine Garantie des Arbeitsplatzes, wenig Sozialleistungen, Imageverlust durch Finanzkrise, ungeregelte Arbeitszeiten

Ihre Antwort: [ ]

29. Welche der folgenden Arbeitgeber würden Sie bei Ihrer Wahl präferieren? Geben Sie bitte Ihre ersten 3 Favoriten an.**

- ☐ Societe General
- ☐ Nomura
- ☐ Credit Suisse
- ☐ Lazard
- ☐ Morgan Stanley
- ☐ Deutsche Bank
- ☐ Merrill Lynch
- ☐ Sal. Oppenheim
- ☐ GoldmanSachs
- ☐ HSBC
- ☐ JP Morgan
- ☐ UBS

30. Bitte ordnen Sie die 3 oben genannten Arbeitgeber-Favoriten, nach Ihrer Präferenz. (1.: bester Arbeitgeber) und begründen Sie bitte jeweils Ihre Auswahl in Stichpunkten. **

Ihre Antwort: [ ]

31. Angaben zu Ihrer Person:**

**Alter	
**Geschlecht	
**voraussichtliches Studienende	
**voraussichtlich benötigte Semesteranzahl	
**voraussichtliche Abschlussnote	
**Welche Art von Hochschule besuchen Sie? (Uni, FH, BA)	
**Haben Sie bereits berufliche Erfahrungen im Investment Banking? (ja/nein)	

weiter

Online-Umfragen mit: polliscope

Anhang 2: Vorlage des Interviews

Diese Untersuchung findet im Rahmen meiner Arbeit über das Thema Employer Branding am Beispiel des Investment Banking statt. Sie sind mir eine große Hilfe, wenn Sie die Fragen vollständig und gewissenhaft beantworten. Natürlich garantiere ich Ihnen einen vertraulichen Umgang mit ihren Angaben.

<u>Interview</u>

Angaben zu Ihrer Person:

Alter: ____

Unternehmen: ______________________________

Jobstart im Investment Banking: ____

1. Wie bewerten Sie das Image der Branche Investment Banking?

2. Könnten Sie sich vorstellen, angesichts der Finanzkrise, die Branche zu wechseln?

3. Wie wichtig ist es Ihnen, dass Sie sich mit der Unternehmenskultur Ihres Unternehmens identifizieren können?

4. Wenn sie mir dem Arbeitsklima nicht zufrieden sind, wäre das ein Grund für Sie den Arbeitgeber zu wechseln? (Teamarbeit, gutes Verhältnis zum Vorgesetzten, kollegiale Arbeitsatmosphäre)

5. Wünschen Sie sich eine höhere Garantie des Arbeitsplatzes? Wären Sie dafür dann auch bereit die Branche zu wechseln, oder für eine Verstaatlichung der Banken zu stimmen?

6. Wünschen Sie sich von Ihrem Arbeitgeber höhere Sozialleistungen?

7. Die Glaubwürdigkeit eines Unternehmens spielt eine große Rolle bei der Wahl eines Arbeitgebers. Haben Sie in ihrer gesammelten Erfahrungen jemals Diskrepanzen zwischen proklamierten Unternehmensvorzügen und den

tatsächlichen feststellen können? Und in wie weit hat das Ihre Entscheidung beeinflusst? (Bsp. UN spricht von Vertrauen aber nutzt Kontrolle)

8. Es ist bekannt, dass die Balance zwischen Beruf- und Privatleben in der Investment-Branche nicht ausgeglichen ist. Sollen Ihrer Meinung nach mehr Angebote zur Vereinbarkeit von Beruf / Karriere / Familie / Hobbies geschaffen werden? (z.B. Kinderbetreuung, Home Office oder flexiblere Arbeitszeiten)

9. Kommen Sie gut damit klar, dass Sie am Anfang ihrer Karriere weniger Urlaub nehmen können als der Durchschnitt aller Arbeitnehmer?

10. Wie sehr schätzen Sie die Internationalität Ihres Unternehmens sowie die Möglichkeiten im Ausland zu arbeiten?

11. Würde es Ihnen etwas ausmachen, wenn Ihr Unternehmen nicht zentral gelegen ist, sondern etwas ländlicher oder im Industriegebiet.

12. Wie stehen Sie zu dem starken internen Wettbewerb? Würden Sie langfristig damit umgehen können?

13. Ist es Ihnen wichtig, dass das Unternehmen in dem Sie tätig sind ein gutes Image hat?

14. Hängt die Sympathie zu Ihrem Unternehmen auch von dem Markterfolg ab?

15. Wie bewerten Sie flache Hierarchien?

16. Wie sehr schätzen Sie ihr überdurchschnittliches Gehalt?

17. Würden Sie Ihre Tätigkeit auch für ein geringeres Gehalt ausführen?

18. Wie viel Wert legen Sie auf Weiterbildungsprogramme oder Fortbildungsmaßnahmen?

19. Sehen Sie offene Kommunikation am Arbeitsplatz als sehr vorteilhaft an?

20. Erwarten Sie von Ihrem Arbeitgeber, dass er selbstständiges Arbeiten fördert?

21. Womit sind Sie besonders zufrieden in Ihrem Beruf?
(Gutes Arbeitsklima; herausfordernde Aufgaben; Glaubwürdigkeit des Unternehmens; überdurchschnittliches Gehalt; Internationalität; hohe Sozialleistungen; Garantie des Arbeitsplatzes; attraktiver Standort;

Teamarbeit; flache Hierarchien; Fort- und Weiterbildungsmöglichkeiten; gutes Ansehen; Statussymbole; Karrierechancen; interessante und erfüllende Aufgaben)

22. Womit sind Sie besonders unzufrieden in Ihrem Beruf? (starker interner Wettbewerb, Vernachlässigung sozialer Kontakte, viel unterwegs, hohes Arbeitspensum, lange Arbeitszeiten, wenig Schlaf, harte Arbeit, wenig Urlaub, keine Garantie des Arbeitsplatzes, wenig Sozialleistungen, Imageverlust durch Finanzkrise, ungeregelte Arbeitszeiten)

23. Würden Sie langfristig mit dem genannten Kriterium zu Recht kommen?

Vielen Dank für Ihre Mitarbeit!